DIE PRAKTISCHE GARTENBIBLIOTHEK

Der naturnahe Garten

Dr. Norbert Kleinz

Der naturnahe Garten

Planen und gestalten mit heimischen Pflanzen

Naturbuch Verlag

Der Autor:
Dr. Norbert Kleinz ist evangelischer
Pfarrer und leidenschaftlicher Hobby-
gärtner. Als Leiter des Ausschusses für
naturnahen Gartenbau der Wolfgang-
Philipp-Gesellschaft widmet er sich
insbesondere den heimischen Pflanzen,
Schwerpunkt Wildrosen. Nebenbei
interessiert er sich für Sprachwissen-
schaften.

Bildnachweis:
Baring Liegnitz 14, 28, 43, 44, 57 l,
62 l, 70
Nassau 18, 21 r, 24, 29 l, 45, 61 u, 63,
68 r, 74 (2 x), 75
Pforr 7, 9, 11, 12, 20, 22, 25, 26 o, 33 r,
40, 52 o, 56, 65, 66 l, 77 (2 x)
Reinhard 2/3, 8, 10, 51 u, 72
Seidl 27, 30, 31 (2 x), 34, 36, 38, 41, 46,
48, 53
Skogstad 6, 17, 23, 32, 51 o, 68 l
Sulzberger 29 r, 37 r, 39, 42, 48, 54, 55,
57 r, 58, 69, 71, 73
Vogel 15, 16/17, 19, 35, 37 l, 47, 52 u,
60, 62 r, 64
Willner 21 l, 26 u, 33 l, 49, 59, 61 o,
66 r, 67
Titel: Willner (l + u), von Berger (r)

Die Deutsche Bibliothek – CIP-Einheitsaufnahme

Der naturnahe Garten: planen und gestalten
mit heimischen Pflanzen / Norbert Kleinz.
[Hrsg. und Red.: Robert Sulzberger.
Zeichn.: Helmut Flubacher]. – Augsburg: Naturbuch-Verl., 1995
  ISBN 3-89440-131-1
NE: Kleinz, Norbert; Sulzberger, Robert [Hrsg.]; Flubacher, Helmut

Naturbuch Verlag
© 1995 Weltbild Verlag GmbH, Augsburg
Alle Rechte vorbehalten
Herausgeber und Redaktion: Robert Sulzberger, Freising
Konzeption und Layout: Anton Walter, Gundelfingen
Zeichnungen: Helmut Flubacher, Fellbach
Umschlaggestaltung: Peter Engel, Grünwald
Satz: Gesetzt aus der 10 Punkt Rockwell Light in QuarkXPress
von Walter Werbegrafik, Gundelfingen
Reproduktion: Repro Ludwig, A-Zell am See
Druck und Bindung: Druckerei Appl, Wemding
Printed in Germany
ISBN 3-89440-131-1

Gedruckt auf chlorfrei gebleichtem Papier.

Inhalt

Geschützte Umwelt – entdeckte Neuwelt 6

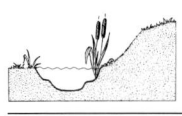

Verschiedene Lebens- bedingungen .34

Mit dem Garten wachsen 12

Pflanzengruppen von besonderem Wert 58

Wege zum naturnahen Garten..70

Anhang................................78

Die raumbildenden Dauerpflanzungen .18

Der Autor hat sich der Erhaltung der heimischen Pflanzen in unseren Gärten verschrieben. Gleichzeitig arbeitet er als Sprachwissenschaftler und möchte ebenso in diesem Bereich die Erhaltung aussterbender Spracheigenheiten fördern. So verwendet er zum Beispiel die althergebrachten Worte »kreß« für orange und »seidel« für lila; durch »Übersetzungen« in Klammern ist die Verständlichkeit gesichert. In zahlreichen weiteren Wendungen kommen die Bemühungen um eine heimat- und geschichtsverbundene Ausdrucksweise zum Vorschein.

Da viele der einheimischen Pflanzenarten, die der Autor empfiehlt, im Handel noch nicht allgemein verbreitet und nur in Spezialgärtnereien erhältlich sind, wurden bekannte Bezugsquellen mit eingekreisten Buchstaben gekennzeichnet. Die dazugehörigen Adressen können auf Seite 78 entschlüsselt werden.

Geschützte Umwelt –
entdeckte Neuwelt

Es gibt ganz verschiedene Wege, die Menschen zum naturnahen Garten führen können. Beim einen ist es die Sorge über die fortschreitende Zerstörung der Umwelt und das Artensterben – Entwicklungen, gegen die er ein Zeichen setzen möchte. Ein anderer hat einen aufreibenden Beruf und keine Lust, sich am Wochenende noch ständig im Garten abzurackern. Er möchte einen Garten, der nicht unablässig betreut werden muß. Der dritte schließlich hat schon einmal einen Naturgarten gesehen und genossen, und dieses Erlebnis hat ihn in den Bann geschlagen.

In der Tat werden alle drei ihre Erwartungen durch einen echten naturnahen Garten erfüllen können. Ein solcher Garten wird zur Heimat und zum Lebensraum vieler Lebewesen. Er ist verhältnismäßig »pflegeleicht«, auch wenn es freilich nicht ganz ohne Eingriffe geht. Er bietet vielfältige Erlebnisse für die Sinne.

Ein naturnaher Garten dient also der Natur *und* dem Menschen. Er hat ökologische Bedeutung und verschafft gleichzeitig seinem Besitzer manche Vorteile und Annehmlichkeiten, ja kann ihm sogar eine neue Lebensqualität vermitteln.

Ökologische Bedeutung

Im naturnahen Garten können viele Pflanzenarten eine Heimat finden, die in der Natur bedroht sind. Selbstverständlich werden nicht dadurch Pflanzen gerettet, daß man sie irgendwo ausgräbt. Ein Großteil unserer heimischen Wildpflanzen wird mittlerweile von Baumschulen und Gärtnereien vermehrt und angeboten. Es gibt auf der Welt eine ganze Reihe von Pflanzenarten, die nur in Gärten überlebt haben. Warum also sollten unsere Gärten keinen Beitrag zur Artenerhaltung leisten können?

Dabei dürfen wir nicht nur an Pflanzenarten denken. Fast noch wichtiger sind die zahllosen gefährdeten Tierarten – Kerbtiere, Kriechtiere, Vögel, Kleinsäuger – die auf die heimischen Gewächse angewiesen sind, weil sie sich seit Jahrtausenden auf diese spezialisiert haben. Von heimischen Gehölzen wie Weißdorn, Schlehe und Haselnuß leben jeweils Dutzende von Vogel- und bis zu mehrere hundert Kerbtierarten.

Zwar wird dagegen von Kritikern eingewandt, ein Hausgarten sei kein Naturschutzgebiet, der ökologische Nutzen gering. Trotzdem können viele Naturgartenbesitzer bezeugen, daß sich auch mitten in städtischen Ballungsgebieten plötzlich lange nicht beobachtete Falter, Vögel und Käfer wieder eingefunden haben. Außerdem nehmen die

Zwei verschiedene Vorstellungen von Garten: links Eintönigkeit aus Koniferen und Rasen, rechts lebendige Vielfalt des Naturgartens

Siedlungsgebiete in unserem Lande mittlerweile so viel Raum ein, daß Gartenflächen in den Städten für das Überleben von Pflanzen und Tieren immer wichtiger werden. Machen wir also unseren Garten zu einer Oase des Lebens! Ein Vogelkundler hat festgestellt, daß auf einem gepflegten Rasen vier, auf einer naturnahen Blumenwiese 19 Vogelarten Nahrung finden. Ähnliches gilt für den Vergleich von Thujareihe und Wildstrauchhecke sowie Zierblumenbeet und Wildstaudenpflanzung.

Ein weiterer ökologischer Vorzug liegt in der Widerstandsfähigkeit standortgerechter heimischer Wildpflanzen. Sie bringt nämlich mit sich, daß wir auf Pflegemaßnahmen wie Winterschutz, Düngung, Rückschnitt und Spritzen weitgehend

Der Naturgarten läßt die Jahreszeiten in ihrer Pracht miterleben. An der Wildstrauchhecke im Herbst kann man sich kaum sattsehen.

verzichten können. Damit wird die Umwelt geschont, denn ein Großteil von »Pflanzenschutz«-Giften und Kunstdünger wird in privaten Gärten ausgebracht und wandert so in Boden, Luft und Grundwasser. Neben diesen Vorzügen für die Umwelt stehen, wie oben gesagt, die Vorteile unmittelbar für uns selbst. Das fängt damit an, daß sich mit heimischen Wildpflanzen schlicht und einfach Geld sparen läßt. Sie sind billiger als Zuchtgewächse und Exoten. Obwohl eine Wildstrauchhecke viel farbiger und lebendiger ist, schont sie im Vergleich zu einer gleich langen Nadelholz-Anpflanzung den Geldbeutel.

Viel wichtiger allerdings, weil länger anhaltend, ist die Wirkung des naturnahen Gartens auf uns selbst. Der eigene Garten ist im Gegensatz zu solchen mit Sortimentspflanzen unverwechselbar und einmalig. Man kann sich mit ihm identifizieren.

Lebensqualität für den Menschen

Ein Naturgarten ist immer in Bewegung. Fast jeden Tag gibt es etwas Neues zu sehen und – daran denken wir oft zu wenig – zu riechen, zu fühlen, zu schmecken, zu hören. Man kann den Naturgarten deshalb mit Fug und Recht als »Garten der Sinne« bezeichnen.

Da gaukelt zum erstenmal ein Bläuling um die gelben Blüten des Geißklees. An einem stillen Wintertag hüpft ein Gimpelpärchen durch die Hecke und nascht von den Beeren der Rainweiden. Irgendwann im Frühling entfaltet die Weinrose ihre bedrüsten Blättchen, und ein köstlicher Apfelduft durchströmt den Garten. Ein Kind freut sich, als es entdeckt, daß man die behaarten Blätter der Roten Heckenkirsche oder die Blütenköpfe der Nickenden Distel streicheln kann wie ein Kuscheltier. Regentropfen funkeln auf den Heckenkirschen-Blättern manchmal wie kleine Diamanten. Ein Gartenbesitzerpaar berichtet, daß es den Duft ihres hinter dem Hause gelegenen Naturgartens schon wahrnehme, wenn es auf der Vorderseite die Wohnungstür aufschließt. Andere schildern überraschende Beobachtungen vor ihren Fenstern im Frühjahr. Vögel machen sich an den trockenen, abgestorbenen vorjährigen Staudenstengeln zu schaffen und tragen kunstvoll Halme für den Nestbau zusammen. Wieder andere erzählen von einem Frühstück auf der Terrasse an einem stillen Sommersonntag, als sie plötzlich an verschiedenen Stellen der Blumenwiese ein seltsames Knacken hörten. Eine Wickenart ließ ihre Schoten platzen und schleuderte die Samen in hohem Bogen durch die Luft. Viele einzelne überraschende Erlebnisse, die zeigen: Der Natur-

garten ist bei genauem Hinschauen ein Reich der kleinen Abenteuer. So mancher Naturgartenbesitzer vergißt an Sommerabenden über dem »Programm«, das ihm vor der Haustür geboten wird, seinen Fernseher. Etwas Grundsätzlicheres kommt hinzu. Bei den meisten Naturgartenbesitzern ändert sich allmählich die Einstellung zu Natur und Umwelt. Hautnah erfahren sie, daß die Natur keine »grobe Schlamperei« ist, in der der Mensch ständig Ordnung schaffen müßte, sondern daß zwischen Pflanzen und Tieren sinnvoll aufeinander hingeordnete Vorgänge ablaufen.

Viele werden bei Spaziergängen in der Natur zum ersten Mal auf bestimmte Pflanzenarten aufmerksam – einfach deswegen, weil sie diese aus dem eigenen Garten kennen. So manch einer ersteht sich ein Bestimmungsbuch und erweitert auf diese Weise spielerisch seine Naturkenntnisse. Im Urlaub und auf Wanderungen erlebt er dann mehr, weil er mehr sieht und wahrnimmt.

Die Ästhetik des naturnahen Gartens – ein Fest der Sinne

Die Wahrnehmung ist überhaupt der Schlüsselbegriff für die Würdigung des naturnahen Gartens. Unsere Wahrnehmung ist im Naturgarten ganz anders gefordert als im herkömmlichen. Die meisten Menschen denken bei Gartenschönheit vor allem an Größe und Leuchtkraft von Blüten. Die Kataloge der Blumenversandbetriebe prunken mit Neuzüchtungen, die stets noch größere Blüten und noch ungewöhnlichere Farben aufweisen. In diesem Wettbewerb, der sich an einem einzigen, vom Menschen festgelegten Gesichtspunkt ausrichtet, kann und will der naturnahe

Garten nicht mithalten. Das ahnen viele Gartenbesitzer, und deshalb bekommen wir öfter die bange Frage zu hören: »Ist denn nach der naturnahen Umgestaltung der Garten nur noch einfach grün?«. Diese Bedenken können wir schnell zerstreuen. Denn erstens gibt es selbstverständlich auch im naturnahen Garten Blüten, sehr viele sogar, wenn auch nicht so groß und in eher sanft zusammenstimmenden Farben.

Zweitens ist die Schönheit des naturnahen Gartens eben viel weiter gefächert, was wir erst nach und nach entdecken müssen. Wir lernen, nicht nur die Blüte schön zu finden, sondern auch die daraus hervorgehende Frucht, ob farbenfrohe Beere oder feingliedriger Samenstand, die natürliche Wuchsgestalt der Pflanze im Zusammenklang mit ihrer Nachbarschaft, die verschiedenen Grüntöne des Laubes in einer Hecke, das Wogen hoher Stauden im Wind, das Tierleben um die Pflanze herum und vieles mehr. Pflanzengemeinschaften, die sich in der freien Landschaft entwickeln, finden die meisten Menschen ja freierdings schön und dem Auge

Wildsträucher und Wildstauden liefern den Stoff zu manchem Wintermärchen.

angenehm. Zahlreiche Urlaubsbilder, Fototapeten und Kalenderblätter zeugen davon. Solche Pflanzengemeinschaften entwickeln sich nun im eigenen Garten. Lieblich, aber unaufdringlich könnte man ihre Schönheitswirkung nennen.

Leben mit den Jahreszeiten

Wir sagten schon, daß sich der naturnahe Garten ständig in Bewegung und Veränderung befindet. Das gilt auch und besonders für den Jahreslauf. Der Naturgarten sieht in den verschiedenen Jahreszeiten ganz anders aus. Es wechseln Farben, Formen, Tierleben, Ausblicke und die gesamte Stimmung. Man kann ihn geradezu einen Garten der Jahreszeiten nennen.

Im Frühling wird der Garten bestimmt durch die Fülle der Blüten, beginnend mit den wohlbekannten Frühjahrsblühern wie

Schlüsselblumen, Leberblümchen und Lungenkraut, bis zur Blüte der Wildrosen zum Frühsommer hin. Im Sommer leuchten Hecken und einzelne Gehölze in den verschiedensten Grüntönen. Die ersten Früchte reifen: Seidelbast, Roter Holunder, die schwarzen Hagebutten der Bibernellrose. Kerbtier- und Vogelleben erreichen einen Höhepunkt. Es ist auch die große Zeit der Blumenwiese und vieler Wildstauden wie der gelben Königskerzen und der blauen Mannstreu.

Der Herbst bringt ein Farbenfeuerwerk anderer Art. Die Blätter färben sich in arteigen verschiedenen Tönen vom Dunkelviolett des Roten Hartriegels bis zum Gelb und Kreß (Orange) der Elsbeere. Dazu kommt die Farbe der Früchte und Beeren: Rot, Kreß, Blau, Schwarz u. a. Eine pinkfarbene Blüte in dieser Farbensymphonie – das wäre geradezu störend.

Die Nase kommt im Spätherbst noch einmal auf ihre Kosten, wenn die abgefallenen Blätter ihre Duftstoffe freisetzen. Oft riecht es nach Waldmeister.

Auch der Naturgarten im Winter hat seinen besonderen Reiz. Dieser besteht nicht darin, dem Auge möglichst viel Grün zu bieten und damit gleichsam eine andere Jahreszeit vorzutäuschen. Der Naturgarten steht zum Fahl und Braun, die das Vergehen des Sommers anzeigen. Das bedeutet aber nicht Eintönigkeit. Die stehengebliebenen Staudenstengel bilden reizvollmerkwürdige Formen, oft wie die hängengebliebenen Beeren wundersam von Reif oder Schnee verziert. Oft finden sich Vögel ein. Sie brauchen keine Futterhäuschen, denn der naturnahe Garten bietet ihnen Nahrung in Fülle. Viele Knospen zeigen schon die Vorbereitung für den Frühling an. Das ganze Jahr über übt der naturnahe Garten auf uns eine seelische Wirkung aus wie ein Ausflug in eine liebliche Landschaft. Viele Gartenbesitzer heben die Entspannung hervor, die schon der Anblick ihres Naturgartens nach einem anstrengenden Arbeitstag bei ihnen bewirkt.

Bunte Vielfalt aus Wald und Flur

Bei der Schaffung eines solchen naturnahen Gartens spielt die Auswahl der Pflanzen eine ganz entscheidende Rolle. Viele meinen, schon etwas Wildwuchs und der Verzicht auf Chemikalien schüfen einen Naturgarten. Zum wirklichen Zusammenklang von Umwelt und Schönheit aber gehören entscheidend die richtigen Pflanzen. Das sind unsere heimischen Wildarten, unter bestimmten Voraussetzungen auch deren Gartenformen; von diesen heimischen Arten dann jeweils solche, die an dem vorgesehenen Standort ohne besondere menschliche Eingriffe gut fortkommen. Wir sprechen in diesem Zusammenhang von »standortgerecht«.

Die Gründe für diese »Beschränkung« (die sich aber als Bereicherung herausstellen wird) sind vielfältig. Der erste Grund ist besonders leicht nachzuvollziehen. Wir wollen ja im Garten die menschlichen Eingriffe auf das Notwendige beschränken. Deshalb müssen die Pflanzen standortgerecht sein. Nur so vermeiden wir einen Rattenschwanz von nötigen Pflegemaßnahmen. Eine pilzanfällige und frostgefährdete Zuchtrose zum Beispiel muß eben das ganze Jahr umhegt werden.

Der zweite Grund: Im naturnahen Garten sollen auch möglichst viele Tierarten leben können. Wie wir oben gesehen haben, bieten heimische Wildpflanzen dafür die beste Gewähr. Zum dritten sind Pflanzen ja nicht einfach eine Dekorationsware. Sie sind Lebewesen, die seit alters einen großen Anteil an Landschafts- und Siedlungsbild sowie

Die »Unordentlichkeit« des Naturgartens schafft Lebensraum für viele Tiere. Die Igelfamilie freut sich über Heckenunterwuchs und Laubhaufen.

Kulturgeschichte ihres Heimatge-
bietes haben. Denken wir als Beispiel nur an den Schwarzen Holunder. Er gehört in unserem Gebiet
zu den alten Kulturfolgern des Menschen, umgibt dessen Behausungen
auf dem Lande und in der Stadt.
Unseren Vorfahren war er weihlich;
in allen Teilen wurde er für Heil-
kunst oder menschliche Ernährung
genutzt. In unseren Märchen und
Sagen und in zahllosen Flurnamen
kommt er vor. Er gehört wie die
anderen heimischen Pflanzen zum
Gesicht unseres Landes. Diese
Pflanzen als Teil der Schöpfung zu
erhalten, ist uns hier anvertraut.
Diese Pflanzen, die uns Geschichte
und Geschichten erzählen können,
gehören deshalb auch in einen
naturnahen Garten.

Wie der Achatspinner auf die Brombeere
sind zahllose Kleintiere auf heimische
Wildpflanzen angewiesen.

Was heißt heimisch?

An dieser Stelle muß genauer
bestimmt werden, was wir unter
der Bezeichnung »heimisch« verstehen. Sie wird nämlich auch unter
Fachleuten mit inhaltlichen Abwei-
chungen gebraucht. In ihrer stren-
gen Bedeutung, die bei Anpflanzungen in der freien Landschaft
anwendbar ist, bezieht sie sich auf
die jeweilige Landschaft, wie zum
Beispiel Lüneburger Heide, Wester-
wald oder Oberrheinische Tiefebe-
ne. Legen wir eine weitergehende
Bedeutung zugrunde, so können
alle Pflanzenarten als heimisch
bezeichnet werden, die in Mitteleuropa – ungefähr deckungsgleich
mit dem geschlossenen deutschen
Sprachraum – von Natur aus, ohne
absichtliches Zutun des Menschen,
vorkommen. Dabei ist freilich zu
berücksichtigen, daß nicht alle diese Arten im jeweiligen Falle standortgerecht sind. Ein Edelweiß aus
dem Hochgebirge beispielsweise
ist in einem Frankfurter Naturgarten
eher deplaziert.

Auch bei der Verwendung heimischer Pflanzen ist es unerläßlich, für
die Auswahl der Art die Bedingun-
gen des vorgesehen Standorts im
Garten in Betracht zu ziehen. Die
wichtigsten Wirkumstände sind
dabei:
– Lichtverhältnisse,
– Kalkgehalt des Bodens,
– Feuchtigkeit,
– Art und Durchlässigkeit des
Bodens, zum Beispiel Sand oder
Lehm.
Da die heimischen Wildpflanzen
aber recht anpassungsfähig sind,
muß man hier nicht mit wissenschaftlicher Genauigkeit vorgehen.
Trotzdem darf man sich nicht wun-
dern, wenn ein nährstoffliebender
Schwarzer Holunder auf reinem
Sandboden kümmert. Wir gehen
in diesem Buch, wenn nicht anders
vermerkt, von einem gewöhnlichen
kalk- und nährstoffhaltigen Garten-
boden aus.
Da Pflanzen keine verschiebbaren
Möbelstücke sind, ist bei der Aus-

wahl auch darauf zu achten, wie
hoch das Gewächs werden darf.
Eine Linde oder ein Bergahorn
gehören nicht in einen Vorgarten.
Wir sollten nicht die Unsitte der
Modegärten nachahmen, die mit
Fichten, Zedern und ähnlichen
Großbäumen vollgestopft werden.
Es gibt für alle Raumverhältnisse
auch eine geeignete Pflanze.
Bei der Beschränkung auf heimische Pflanzen brauchen wir nun
keine eintönigen Gärten zu befürchten, die nur einen Abklatsch
der Feldhecke von nebenan böten.
Die Beschränkung wird vielmehr
zum Gewinn, weil wir eine ganze
Fülle von Arten entdecken werden,
die bisher wegen der Liebe zum
Exotischen kaum beachtet worden
sind. Mit dieser Fülle lassen sich
bezaubernde, unverwechselbare
Gärten gestalten.
Zudem gibt es seit alters von vielen
heimischen Pflanzenarten noch in
der Natur vorkommende Spielarten
und geschichtsträchtige Sorten,
zum Beispiel von unseren Wildrosenarten. Für die Gärten stehen uns
auch diese Sorten zur Verfügung,
soweit sie nicht überzüchtet sind
und soweit sie ökologische Eigenschaften besitzen, die der Stammart
vergleichbar sind.

Mit dem
Garten wachsen

Mit der richtigen Auswahl der Pflanzen fangen die besonderen Voraussetzungen des naturnahen Gartens erst an. Fast noch wichtiger ist der Gesichtspunkt, wie wir mit dem Garten in den folgenden Jahren umgehen. Das muß dick unterstrichen werden, denn gefordert ist tiefgreifendes Umdenken gegenüber den Gewohnheiten der übrigen Freizeitgärtner – und damit auch überzeugte Standhaftigkeit gegenüber den gutgemeinten Ratschlägen von Verwandten, Nachbarn und Besuchern.

Der naturnahe Gärtner sieht sich nicht nur in der Rolle des Herren und Gestalters in seinem Garten, sondern auch in der des achtungsvollen Beobachters mit dem Mut zu Duldsamkeit und Gelassenheit. Er sieht die Pflanzen nicht als Nutz- und Ziergegenstände an, sondern nimmt sie als Mitlebewesen wahr und achtet ihre Eigenart. Der Garten ist nicht eine Summe vom Menschen gesetzter Zwecke, sondern ein sich möglichst weitgehend selbsttragendes Gefüge. Der Naturgärtner arbeitet nicht gegen die Natur, sondern bezieht ihre Abläufe ein.

Die Vorstellung eines Kreislaufs kommt dem Wesen des naturnahen Gartens am nächsten. Laub, Stengel und Zweige werden dem Garten nicht entnommen, sondern verrotten und kommen wieder dem Boden zugute. Die Blüten dienen nicht nur dem Schönheitsempfinden des Menschen, sondern werden befruchtet und zeitigen Früchte und Samenstände, die vielen Tieren Nahrung bieten. Auch die Blüten selbst ziehen viele Besucher an, die, wie die Schwebfliegen, dann Schädlinge kurz halten. Schädlinge treten auch im naturnahen Ziergarten auf, oft sogar, wie die Blattläuse, in beträchtlichen Mengen. Aber mit einer gewissen Verzögerung folgen ihnen die Nützlinge, und die Schadbilder sind oft nach kurzer Zeit verschwunden. Der eben noch mit Blattläusen übersäte Strauch ist plötzlich voller eifriger Marienkäfer. Die anziehende Wirkung der Wildpflanzen auf die Nützlinge kommt auch dem Nutzgarten zugute. Das ist ein Grund, warum sich in den Bauerngärten unserer Vorfahren Königskerzen und andere Wildblumen mitten zwischen Gemüse und Beeren fanden.

Der Gärtner als Planer und Beobachter

Der Naturgärtner läßt den Pflanzen in seinem Garten Spielraum zur Entfaltung. Zu den Pflanzen gehören auch solche, die er nicht selbst gesät oder gepflanzt hat. Die Anlage des Gartens durch den Besitzer oder Gärtner ist nur der Startschuß der Entwicklung. Manche Pflanzen werden verschwinden, weil ihnen der Standort trotz allem gärtnerischen Vorbedacht nicht gefällt.

Andere breiten sich zunächst aus, weil sie günstige Bedingungen vorfinden, und gehen irgendwann wieder zurück, wenn diese Bedingungen sich geändert haben. Wieder andere verschwinden von den ihnen zugedachten Orten und tauchen an anderer Stelle im Garten wieder auf. Wenn wir so duldsam sind, die Pflanzen gewähren zu lassen, werden wir feststellen, daß sie oft selbst schönere Zusammenstellungen schaffen, als wir sie geplant hatten. Schließlich sind da noch die Gewächse, die ganz neu im Garten auftauchen.

Üblicherweise wird leider alles sofort herausgerissen, was sich ungeplant ansiedelt. Der Naturgärtner beobachtet die neu aufgehenden Pflanzen und entfernt nur, was er als eindeutig unerwünscht bestimmt hat. Dabei handelt es sich im wesentlichen um
– einige besonders lästige Wurzelunkräuter wie Acker-Winde,

Der naturnahe Garten lebt von Kreisläufen, in denen alles aufeinander hingeordnet ist. Ihre Beachtung schenkt uns Freude und spart uns Arbeit.

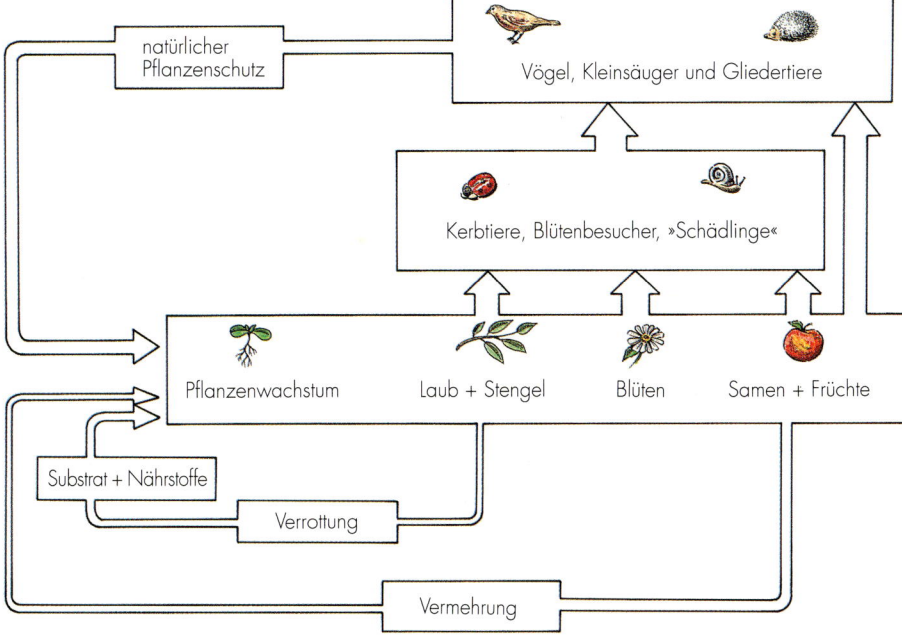

Spielend lernt der Gartenbesitzer die heimische Pflanzenwelt kennen. Wie schön, die Pflanzen benennen zu können!

Giersch, Acker-Kratzdistel und Zaunrübe,
– dem Lebensraum fremde, wuchernde Eindringlinge wie Kanadische Goldrute, Franzosenkraut (aus Südamerika) und Kanadischen Katzenschweif,
– Gehölzsämlinge an Stellen, an denen kein Strauch oder Baum erwünscht ist.

Auf diese Art können sich viele Arten im Garten ansiedeln, von denen etliche ganz unerwartet einen beachtlichen Zierwert entfalten. Solche anmutigen »Selbstkömmlinge« können zum Beispiel das Gemeine Leinkraut (*Linaria vulgaris*), die Gemeine Nelkenwurz (*Geum urbanum*) oder der Acker-Gauchheil (*Anagallis arvensis*) sein.

Aus dem Gesagten wird deutlich, daß der Naturgärtner ohne forschende Beobachtung und gewisse Pflanzenkenntnisse nicht auskommt. Das ist aber gleichzeitig eine goldene Gelegenheit, durch die sich ihm nach und nach ganz neue Welten erschließen. Zum Botaniker muß er dabei nicht gleich werden. Es genügt, sich ein bebildertes Bestimmungsbuch anzuschaffen (siehe S. 78), mit dem man rasch Fortschritte macht. Es ist erstaunlich, wie schnell man lernt, wenn es nicht um trockenen Stoff, sondern um den lebendigen, eigenen Garten geht.

Die Ausbreitung der Pflanzen, die durch Selbstaussaat oder Ausläufer oder Absenker erfolgt, ist im naturnahen Garten nicht nur geduldet, sondern sogar erwünscht. Das hängt mit einem weiteren ehernen Grundsatz des Naturgartenbaus zusammen: Es gibt keinen offenen, unbewachsenen Boden (abgesehen selbstverständlich von der Anfangszeit).

Faustregeln für Bodenpflege und Pflanzenschutz

Zum gesunden Lebensgefüge des Gartens gehört ein gesunder Boden mit den zugehörigen Kleinlebewesen. Ein solcher Boden kann sich nicht entwickeln, wenn gehackt wird und die offengehaltene Erde der Witterung ausgesetzt ist. Das Hacken gefährdet überdies die erwünschte Ausbreitung der Pflanzen.

Das natürliche Pflanzenkleid und die verrottenden Pflanzenteile verbessern nach und nach den Boden. Auch hierfür ist die Selbstansiedlung von Pflanzen wichtig. Denn die Pflanzen finden sich entsprechend den Bodenverhältnissen ein und gestalten diese durch ihren Einfluß

ausgewogener. Ein roher Boden zieht ganz andere Wildkräuter an als ein reifer.

Bei den eben genannten verrottenden Pflanzenteilen handelt es sich um Blätter, Blüten, Früchte, Stengel und Zweige. Verblühtes wird nicht abgeschnitten. Auch die Blütenstengel der Stauden und die darauf entwickelten Samenstände bleiben stehen, ebenso wie die abgestorbenen oberirdischen Staudenteile im Winter. Sie schaden nicht, werden im Frühjahr vom neuen Aufwachs beiseitegedrückt, haben aber einen großen Nutzen. Sie sind für die Pflanze ein natürlicher Frostschutz, bieten den Vögeln Nahrung und im Frühjahr Nistzeug; Kerbtiere überwintern in den Stengeln. Schließlich dienen diese der Bodenverbesserung.

Auch sonst sind Zurückhaltung und Gelassenheit angesagt. Düngung entfällt aus den genannten Gründen. Gewässert wird nicht, abgesehen von der Zeit nach der Pflanzung und äußersten Dürre-Zeiten. Richtig ausgewählte Wildpflanzen vertragen Trockenheit; in Wald und Flur gießt sie ja auch niemand. Teilweiser Laubfall in Trockenzeiten ist eine natürliche Selbsthilfe der Pflanze.

Tierische Schädlinge sind für die Wildpflanzen in der Regel nicht lebensbedrohlich, auch wenn die Gewächse einmal kräftig »Federn lassen« müssen, was bis zum Kahlfraß gehen kann. Auch der bringt ein Pfaffenhütchen oder eine Schlehe nicht um.

Pilzbefall zeigt meistens Anwachsschwierigkeiten oder einen ungeeigneten Standort an. Die Essigrose (*Rosa gallica*) zum Beispiel ist im

erster Jahr nach der Pflanzung oft stark mit Mehltau befallen, von dem im Jahr darauf nichts mehr zu sehen ist. Also, auch beim Pilzbefall gilt: entweder in Koexistenz mit der Pflanze gewähren lassen oder Anbaufehler berichtigen. Manchmal, etwa beim Sternrußtau, der von Zuchtrosen übergesprungen ist, hilft es auch, die ersten befallenen Blättchen zu vernichten.

Nicht zu spaßen ist mit Virus- und anderen Ansteckungskrankheiten wie dem Feuerbrand. Ist einmal die ganze Pflanze befallen, dann hilft nur noch deren Vernichtung. In Zweifelsfällen bringt man befallene Pflanzenteile zu einem Pflanzenschutzamt.

Zuletzt noch der Hinweis auf ein wichtiges Stück »Unordnung« im Garten: Reisig- oder Steinhaufen

Wildsträucher und -stauden lassen auch auf beschränktem Raum kleine Landschaften entstehen.

können vielen Tieren lebensnotwendigen Raum bieten.

Für einen naturnahen Garten mit bereits angewachsenen und gekräftigten Pflanzen halten wir folgende **Faustregeln** fest:

* Im Zweifelsfall eher dulden als eingreifen.
* Pflegeeingriffe beschränken auf gezieltes Entfernen bestimmter »Unkräuter« und unerwünschter Gehölzsämlinge.
* Wiese ein- bis zweimal jährlich mähen, das Mähgut ist zu entfernen.
* In Neuanpflanzungen sind nach Bedarf Wässern und Jäten notwendig.

Zu unterlassen sind insbesondere:
– Hacken und Umgraben des Bodens,
– Jäten unbekannter Wildkräuter,
– Gehölz-Formschnitte,
– Abschneiden abgestorbener Staudenteile,
– Entfernen von Laub und Altholz,
– Düngung.

Gestaltungsmöglichkeiten für jeden Garten

Wer daran geht, einen neuen Garten zu planen, muß sich erst einmal über die Grundaufteilung des Geländes klar werden. Dazu muß man sich in der Hausgemeinschaft darüber einig werden, was man vom Garten erwartet und welche Zwecke er erfüllen soll. Brauchen wir Raum für einen Nutzgarten mit Gemüse und Kräutern? Legen wir Wert auf Obstbäume? (In diesen Fällen müssen wir uns dessen bewußt sein, daß Nutzanpflanzungen erheblich mehr Arbeit verursachen als der naturnahe Ziergarten). Brauchen wir eine Rasenfläche zum Spielen für die Kinder oder als Liegewiese? Wo sollten Wege verlaufen? Wollen wir nach außen einen Sichtschutz oder genügt eine angedeutete Abmarkung? Für die Klärung solcher Fragen sollte man sich Zeit nehmen, denn ist der Garten erst angelegt, sind Änderungen schwierig.

Sind die Ziele und Zwecke bestimmt, werden zunächst dafür Flächen eingeplant. Der **Gemüse- und Kräutergarten** zum Beispiel sollte sonnig und möglichst nahe an der Küche liegen. Letzteres wird vor allem bei ungünstiger Witterung von Nutzen sein. Man kann ihn als längeren Streifen gestalten, als Geviert oder auch kreisförmig, auch mit Natursteinen als Spirale. Umpflanzen kann man ihn nach altem Bauerngartenmuster mit Beerensträuchern oder mit einer niedrigen Hecke, die wiederum strauchige Kräuter wie Ysop, Wermut und Eberraute enthalten kann. Sinnvoll ist es auch, wie oben schon erwähnt, Gruppen von Wildstauden in den Nutzgarten einzubeziehen. Die **Rasenfläche**, wenn gewünscht, befindet sich sinnvollerweise in

Vorgarten:
Die Bepflanzung mit Stauden stellt eine Möglichkeit für abwechslungsreiche Raumaufteilung dar. In die Gestaltung einbezogen sind ein Schutthügel und eine Schotterfläche. Sie wurden nicht eigens geschaffen, sondern stammen noch von den Baumaßnahmen.

① Eberesche
② Wolliger Schneeball
③ Roter Geißklee
④ Schneeheide
⑤ Rose
⑥ Wald-Akelei
⑦ Deutsche Schwertlilie
⑧ Kriech-Günsel
⑨ Berg-Flockenblume
⑩ Flachblättrige Mannstreu
⑪ Federnelke
⑫ Großes Windröschen
⑬ Berg-Laserkraut
⑭ Knäuel-Glockenblume
⑮ Frühling-Fingerkraut
⑯ Wilde Pfingstrose
⑰ Berg-Flockenblume
⑱ Blut-Storchschnabel
⑲ Königskerze, Wald-Weidenröschen, Küchenschelle
⑳ Berg-Gamander, Alpen Leinkraut, Dolomiten-Fingerkraut
Einfassung: Buchs, Essigrose, Weinraute

Haus- beziehungsweise Terrassennähe. Auch eine Blumenwiese sollte im Blickfeld der Terrasse liegen. Für Staudenanpflanzungen bietet sich ebenfalls der Terrassenrand an sowie die Ränder der Wege und der Heckenrand.

Hecken begrenzen den Garten nach außen. In größeren Gärten können sie auch die Gesamtfläche unterteilen; dafür sind vor allem Kleinstrauchhecken in Betracht zu ziehen.

Auf diese Weise ergibt sich in der Regel eine vom Haus aus einsehbare größere Fläche, bestehend aus Rasen, Wiese und Staudenpflanzungen, die je nach Größe durch Bäume, Einzelsträucher oder Strauchgruppen aufgelockert werden kann. Gehölze sind oft auch sinnvoll an Hausecken, Terrassenecken, Treppen, fensterlosen Hauswandteilen und Wegen anzupflanzen. Diese Einzelanpflanzungen in der Fläche sind für die Gesamtwirkung sehr

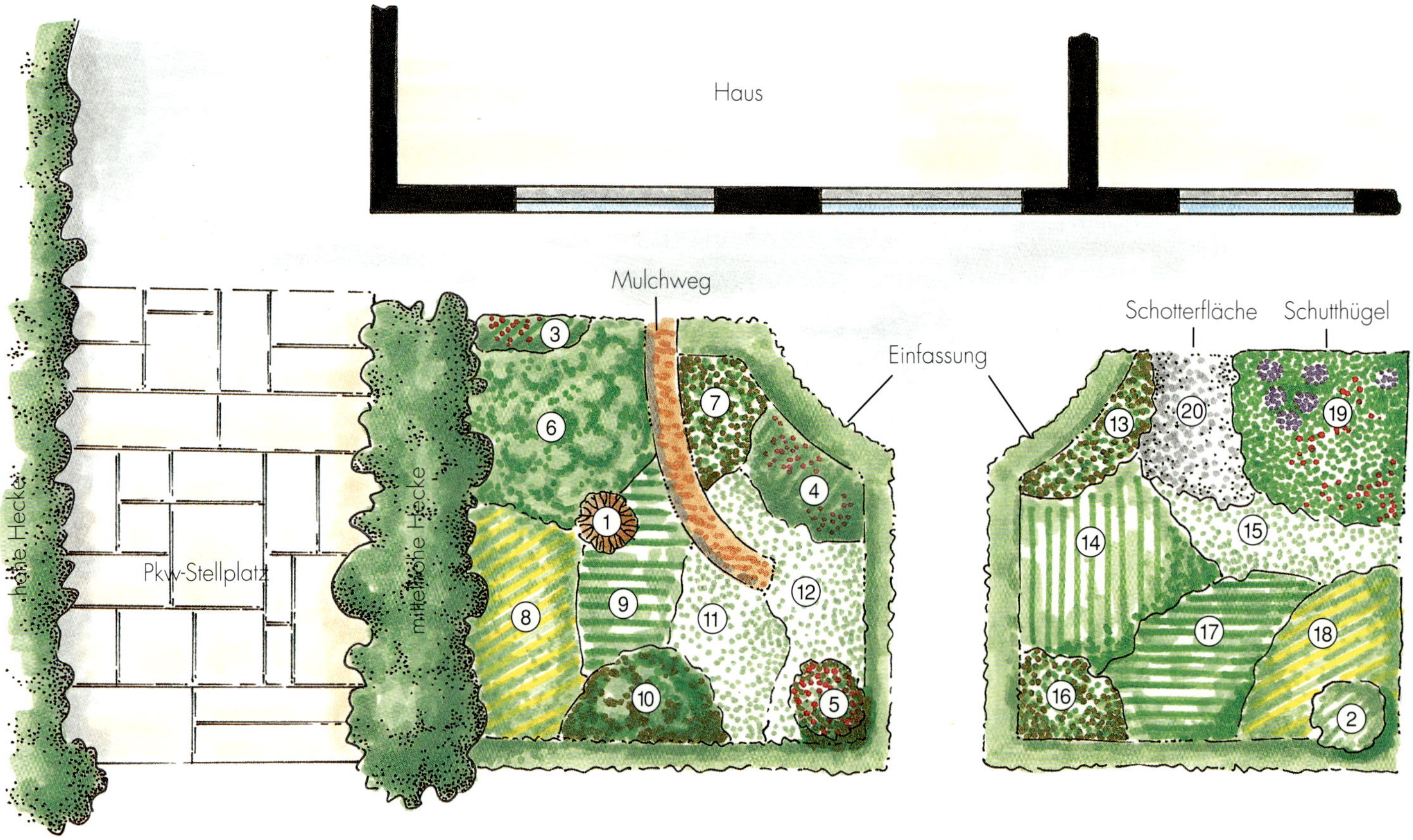

Haus

Mulchweg

Schotterfläche   Schutthügel

Einfassung

hohe Hecke

Pkw-Stellplatz

mittelhohe Hecke

Stufig erhebt sich die Wildstrauchhecke am Ende der Blumenwiese. Das Auge kann schweifen und sich entspannen.

zugt oder mit Stauden. Die letztere ist bunter und eindrucksvoller, aber auch pflegeaufwendiger.

Es lohnt sich oft, auf das Planieren und sogenannte Bodenverbesserungen, zum Beispiel Aufbringen von Muttererde, zu verzichten. Die Bodenverhältnisse, die man im unbebauten Zustand vorfindet, bieten vielfach reizvolle Gestaltungsmöglichkeiten für den naturnahen Garten. In einem Falle beobachteten angehende Gartenbesitzer hinter ihrem neugebauten Hause eine Stelle, an der sich nach starken Regenfällen immer eine bleibende Pfütze bildete. Grund war offenbar

besonders verdichteter Boden. Diese Stelle wurde dann als kleines Feuchtgebiet bepflanzt und hat sich wunderbar entwickelt.

Andere Beispiele für die schöpferische Nutzung vorgefundener Bodenverhältnisse: Mulden eignen sich allgemein für feuchtigkeitsliebende Pflanzen, kleine Schutthügel dagegen für Ruderal- und Trockenrasenpflanzen. Schotterflächen können mit wärmeverträglichen Gebirgsgewächsen bepflanzt werden.

Der naturnahe Garten mit seinem Leben bietet immer Gesprächsstoff.

wichtig, denn sie verleihen dem Garten Raum und Tiefe, sein besonderes Gesicht.

In der genannten Weise werden die Gliederungsmöglichkeiten des Hausgartens sichtbar. Die zusätzlichen Gestaltungsmöglichkeiten, die Kletterpflanzen bieten, werden weiter unten dargestellt.

Vorgärten zur Straße hin stellen wieder andere Gestaltungsaufgaben. Der Raum ist meistens sehr beschränkt, und trotzdem soll gerade der Eingangsbereich eine anziehende Visitenkarte für das Haus sein. Wer gerne seine Ruhe hat, wird auch den Vorgarten mit einer richtigen Hecke umgeben. Eine andere Möglichkeit ist eine niedrige, weg- und bürgersteigbegleitende Einfassungspflanzung. Für die Gesamtgestaltung des Vorgartens stellt sich die Frage, ob man eine Bepflanzung mit (niedrigen) Sträuchern und Bodendeckern bevor-

Die raumbildenden Dauerpflanzungen

Hecken

Grob unterscheiden können wir Wildstrauchhecken im engeren Sinne, die mehr Raum brauchen und beispielsweise zur Grundstückseinfriedung geeignet sind, und kleinere Einfassungs- oder Unterteilungshecken. Entgegen einer weit verbreiteten Meinung lassen sich auch für die letzteren geeignete Sträucher finden, die ohne Schnitt die gewünschte Größe einhalten. Als Pflanzabstand zwischen diesen 80 bis 150 cm großen Sträuchern sind im Durchschnitt 50 cm zu empfehlen. Wichtig ist, auch einen entsprechenden Abstand zu Wegen einzuhalten, damit nicht nach einigen Jahren doch geschnitten werden muß.

Im ökologischen Sinne verdienen eigentlich nur die größeren Anpflanzungen den Namen »Hecke«. Sie beanspruchen in der Breite 2 bis 3 m. Je nachdem, ob Mittel- oder Großsträucher verwendet werden, werden sie mannshoch oder erreichen eine Höhe bis etwa 5 m. Dieser Raumaufwand lohnt aber sicher auch: Eine solche Hecke ist der vielfältigste und lebensfreundlichste Bereich im Garten. Gerade hier werden sich mit der Zeit besonders viele Begleitgewächse und Tiere einfinden. Ein großer Teil unserer Singvögel liebt dichte Hecken über alles.

Auch ihren Zweck als Einfriedung erfüllt die Wildstrauchhecke gut. Obwohl die meisten heimischen Gehölze laubwerfend sind, bieten sie nach einigen Jahren auch im Winter Sichtschutz, weil sie sich dicht verzweigen und weil Früchte und welke Blätter zum Teil bis zum Frühling hängenbleiben.

Darüber hinaus sind Wildhecken unüberwindlicher als der beste Zaun. Im Mittelalter schützten sich manche kleine Orte, die sich keine Stadtmauer leisten konnten, mit einer dichten Wildhecke, deren Zweige man zusätzlich herunterbiegen und verflechten konnte, dem sogenannten Gebück.

Die raumsparendste, aber gegenüber der Umwelt nicht bestmögliche Form der Hecke ist die einreihige. Bei der Anlage ist auf ausreichenden Grenzabstand zum Nachbarn zu achten. Dieser Abstand ist in jedem Bundesland gesetzlich eigenständig geregelt. Mit einer Enfernung von 1 m wird man meistens gut fahren. Wir müssen weiterhin bedenken, daß die Hecke später auch 1 bis 2 m in Richtung auf den übrigen Garten beanspruchen wird. Darüber dürfen die zunächst noch kleinen Sträuchlein nicht hinwegtäuschen. Der Pflanzabstand zwischen den Heckensträuchern beträgt bei mittelgroßen Sträuchern wie Wildrosen, Heckenkirsche und Gemeiner Felsenbirne 1 m, bei Großsträuchern wie Hartriegel, Hasel und Sanddorn 1,50 bis 2 m. Es ist sinnvoll, in einer Hecke verschiedene Arten zu verwenden, die man in kleinen Gruppen zusammenstellen kann.

Schöner und sinnvoller ist die mehrreihige Hecke. Sie besteht aus einer hinteren Reihe mit überwiegend hohen Sträuchern (Großsträuchern). In der zweiten Reihe nach vorne zu stehen dann überwiegend Mittelsträucher. Die zweite Reihe kann unterbrochen sein und stellenweise in eine dritte mit Kleinsträuchern übergehen, so daß die gesamte Hecke durch Vorsprünge und Nischen sehr lebendig wird und vielfältige Lebensräume sowie wunderbare Spielmöglichkeiten für Kinder bietet. Gepflanzt werden sollte jeweils in Höhe der Lücken der nächsthinteren Reihe.

Unter Großsträuchern verstehen wir solche, die eine Endwuchshöhe von ungefähr 3 bis 5 m erreichen, bei Mittelsträuchern sind es 1 bis 3 m und bei Kleinsträuchern bis 1 m. Selbstverständlich kommen immer wieder Schwankungen vor, und Großsträucher erreichen manchmal eine Altersgestalt wie ein kleiner Baum.

Im Frühsommer wirkt die Wildstrauchhecke durch die verschiedenen Grüntöne des Laubes und die zarten Blütenfarben.

Großsträucher für hohe Heckenreihen

Roter Hartriegel
(*Cornus sanguinea*)
Dieser Strauch gilt als sehr anspruchslos und eignet sich für fast jeden Standort. Der Rote Hartriegel hat seinen Namen von der blutroten Verfärbung der jungen Zweige, die vor allem im Winter auffällt.

Der Strauch blüht im Mai oder Juni in weißen Dolden und zeitigt schwarze Früchte. Auch im Herbst ziert der Rote Hartriegel, wenn sein Laub sich gelb, kreß (orange), weinrot oder violett verfärbt. Im fortgeschrittenen Alter macht er dem Gärtner etwas Arbeit, weil er sich durch Sämlinge und Ausläufer ausbreitet.

Herlitze, Kornelkirsche
(*Cornus mas*)
Dieser Strauch hat so viele Vorzüge, daß man sich fragt, warum er

Der Spindelstrauch im Herbst ist nicht nur eine Augenweide für den Menschen, sondern auch eine Schnabelweide für andere Gartenbewohner.

nicht viel öfter gepflanzt wird. Im Blattwerk sieht er seinem Verwandten, dem Roten Hartriegel, zum Verwechseln ähnlich. Er blüht aber schon am Ende des Winters (Februar oder März) noch vor dem Laubaustrieb, und zwar in Gelb. Er ist deswegen ein guter Ersatz für die exotische Forsythie, die für unsere Tierwelt bedeutungslos ist.

Die Herlitze bekommt rote, kirschenähnliche, eßbare Früchte. Dunkelrot, im hochreifen Zustand, schmecken sie etwa wie ein Mittelding zwischen Roter Johannisbeere und Kirsche. Die Herlitze liebt kalkhaltigen Boden und Wärme, erträgt aber auch Beschattung.

Gemeiner Spindelstrauch
(*Euonymus europaea*)
Seine wunderschönen rotkressen Früchte haben dem Spindelstrauch auch den Namen »Pfaffenhütchen« gegeben. Wer ihre Giftigkeit nicht fürchtet, sollte diesen Strauch in den Garten holen, denn die leuchtende Farbigkeit im Herbst ist unnachahmlich. Zudem sind die Früchte die Leibspeise des Rotkehlchens. Der Strauch hat oft einen großen Kerbtierbesatz, liebt Kalk und erträgt Beschattung.

Rainweide, Liguster
(*Ligustrum vulgare*)
In geschnittenen Hecken ist dieser Strauch weit bekannt. Seine wahre Schönheit aber kann er nur in ungeschnittenen Wildhecken entfalten. Nur hier zeigt sich im Sommer die volle Pracht seiner duftenden weißen Blüten, die seine Verwandtschaft mit dem Flieder erkennen lassen, und im Herbst der Schmuck der glänzenden, schwarzen Beeren, von denen im Spätwinter gern der Gimpel nascht.

Die Rainweide hat noch mehr Vorzüge. Sie gedeiht auf fast jedem Standort und behält im Winter zum Teil ihre Blätter.

Gemeiner Wegdorn, Kreuzdorn
(*Rhamnus cathartica*)
Zu den Vorzügen des Wegdorns gehört der süße, frische Duft seiner kleinen, grünen Blüten und der Wert des Strauches für zahlreiche Falterarten, wie den Zitronenfalter und den Faulbaum-Bläuling. Zwecks Bildung vieler Beeren (schwarz, leicht giftig) sollten mehrere Sträucher angepflanzt werden.

Schwarzer Holunder
(*Sambucus nigra*)
Der Schwarze Holunder sollte in keinem Hausgarten fehlen. Seine weißen Blütendolden und seine schwarzen Früchte dienen dem Menschen als Heil- und Nahrungsmittel. Holundersaft beispielsweise stärkt die Widerstandskraft im Winter. Auch die Tierwelt weiß den Holunder zu schätzen. Seine Beeren ziehen Scharen von Vögeln an. Der Strauch wird oft von schwarzen Blattläusen befallen, die er aber erträgt und die auch eine Zweckbestimmung in der Nahrungskette des Naturgartens haben.

Der Schwarze Holunder liebt schwere, stickstoffreiche Böden. Es gibt von ihm auch eine weißfrüchtige Form namens 'Alba'.

Mittelsträucher für mannshohe Heckenreihen

Gemeine Felsenbirne (*Amelanchier ovalis*)

Im Gegensatz zu ihren amerikanischen Verwandten wird sie leider wenig gepflanzt. Sie blüht weiß im Mai und bringt wohlschmeckende, süße, dunkelblaue Früchte hervor. Ihre Blätter färben sich im Herbst leuchtend gelbrot. Die Gemeine Felsenbirne liebt Sonne und kalkhaltigen Boden und sollte in Hecken nur an hellen Randstandorten gepflanzt werden.

Links: Der heimischen Felsenbirne werden in den Baumschulen leider immer noch ihre amerikanischen Vettern vorgezogen.
Rechts: Die Blütenfülle der Strauch-Kronwicke sollte in keinem Garten fehlen.

Strauch-Kronwicke (*Coronilla emerus*)

Die Strauch-Kronwicke ist einer unserer schönsten heimischen Sträucher. Auf ihrem zierlichen, frischgrünen Laub trägt sie im Mai eine Fülle zitronengelber Blüten, die vereinzelt noch bis zum Herbst erscheinen. Das Gehölz bevorzugt durchlässige, kalkhaltige Böden.

Schlehe (*Prunus spinosa*)

Die Schlehe ist im Garten auf die Dauer nicht ganz pflegeleicht, da sie viele Ausläufer treibt. Trotzdem sollte man auf sie nicht verzichten, denn ihr weißes Blütenkleid im April und ihre schönen blauen Früchte im Herbst sind einzigartig. Verschiedene Raupen nähren sich gern von den Blättern. Die Schlehe ist lichtliebend.

Weitere heckengeeignete Großsträucher

Name	Botanischer Name	Blütezeit	Blütenfarbe	Fruchtfarbe
Hasel	*Corylus avellana*	II bis III	gelb	braun
Weißdorn	*Crataegus monogyna, C. oxyacantha*	V	weiß	rot
Sanddorn	*Hippophaë rhamnoides*	IV	bräunlich	kreß (orange)
Mispel	*Mespilus germanica*	V	weiß	braun
Steinweichsel	*Prunus mahaleb*	IV bis V	weiß	schwarzrot
Purpur-Weide	*Salix purpurea*	III	rot und gelbe bzw. grüne Kätzchen	grau
Gemeine Klappernuß	*Staphylea pinnata*	V	weiß	grün
Gewöhnlicher (Wasser-)Schneeball	*Viburnum opulus*	V bis VI	weiß	rot
Wolliger Schneeball	*Viburnum lantana*	IV bis V	rahmweiß	rot und schwarz

Die Schlehe verzaubert die Hecke im Herbst mit ungewöhnlichem Blau.

Roter Holunder
(*Sambucus racemosa*)

Ebenso wie die Blaue Heckenkirsche (*Lonicera caerulea*) ist er ein wohlgeeigneter Strauch für kühlere Lagen mit saurem Boden, wie sie in Norddeutschland und in manchen Mittelgebirgen gegeben sind. Der Rote Holunder blüht im April in großen, gelbgrünen Rispen und trägt schon im Sommer leuchtend rote Beeren, die gekocht eßbar sind.

Gamander-Spierstrauch
(*Spiraea chamaedryfolia*)

Von den Spiersträuchern sieht man in heutigen Gärten nur Hybriden. Der Gamander-Spierstrauch ist eine echte Wildart, die zum Beispiel in Kärnten natürlich vorkommt. Er blüht weiß im Mai, hat schönes, dichtes, hellgrünes Laub, wächst rasch und ist eine hervorragende Heckenpflanze. Zudem gedeiht er fast an jedem Standort.

Weinrose (*Rosa rubiginosa*)
Diese Wildrose erfreut das ganze Jahr. Im Mai oder Juni erscheinen ihre duftenden, kräftig lichtroten Blüten. Ihr zierliches Laub verströmt einen wunderbar würzigen Apfelduft. Die büschelweise stehenden, leuchtendroten Hagebutten zieren im Herbst und Winter.
Die Weinrose liebt das Sonnenlicht und kalkhaltige, schwere Böden. Zahlreiche weitere Wildrosen werden ab Seite 59 in einem eigenen Abschnitt behandelt.

Weitere heckengeeignete Mittelsträucher

Name	Botanischer Name	Blütezeit	Blütenfarbe	Fruchtfarbe	Anmerkung
Sauerdorn	*Berberis vulgaris*	V	gelb	rot	duftende Blüten
Warziger Spindelstrauch	*Euonymus verrucosa*	V bis VI	braun	rot-schwarz	Schatten
Rote Heckenkirsche	*Lonicera xylosteum*	V	gelblichweiß	rot	schattenverträglich
Schwarze Heckenkirsche	*Lonicera nigra*	V	rot	schwarz	sehr lohnend, aber auch sehr schwer erhältlich
Zwergweichsel	*Prunus fruticosa*	IV bis V	weiß	rot	trockenheitsliebend
Alpen-Johannisbeere	*Ribes alpinum*	IV bis V	grüngelb	rot	duftende Blüten
Wilde Stachelbeere	*Ribes uva-crispa*	IV	grünbraun	grün, gelb oder rot	auf kleinfrüchtige Wildformen achten
Ohrweide	*Salix aurita*	IV	gelbe bzw. grüne Kätzchen	grau	liebt sauren Boden

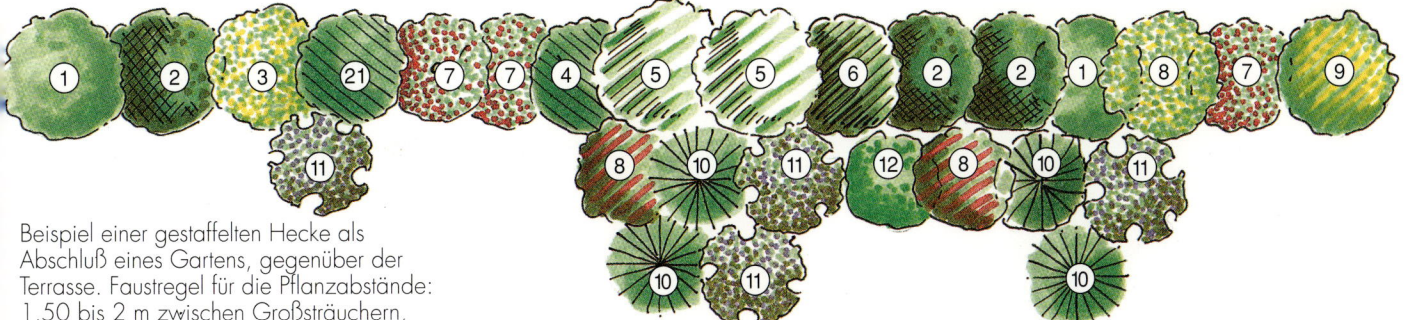

Beispiel einer gestaffelten Hecke als Abschluß eines Gartens, gegenüber der Terrasse. Faustregel für die Pflanzabstände: 1,50 bis 2 m zwischen Großsträuchern, 1 m zwischen Mittelsträuchern, 0,50 m zwischen Kleinsträuchern.

① Weißer Holunder
  (*Sambucus nigra 'Alba'*)
② Rainweide (*Ligustrum vulgare*)
③ Herlitze (*Cornus mas*)
④ Schlehe (*Prunus spinosa*)
⑤ Wolliger Schneeball (*Viburnum lantana*)
⑥ Perückenstrauch (*Cotinus coggygria*)
⑦ Weinrose (*Rosa rubiginosa*)
⑧ Zimtrose (*Rosa majalis*)
⑨ Blasenstrauch (*Colutea arborescens*)
⑩ Strauch-Kronwicke (*Coronilla emerus*)
⑪ Gemeine Felsenbirne
  (*Amelanchier ovalis*)
⑫ Gemeine Zwergmispel
  (*Cotoneaster integerrimus*)

Arten für niedrige Unterteilungshecken

(bis höchstens 1,50 m hoch)

Die nachfolgend genannten Arten lassen sich auch in der vordersten Reihe mehrreihiger Hecken einsetzen.
Ein niedriger Strauch soll wegen seiner Bedeutung gesondert vorgestellt werden:

Schwarzer Geißklee (*Cytisus nigricans*)

Dieser Strauch ist der Blickfang jedes Gartens, wenn er sich von oben bis unten mit leuchtendgelben Blütentrauben schmückt. Das tut er ausgiebig lange, meistens zweimal im Jahr, im Sommer, manchmal auch noch im Herbst.

Sonnige Standorte

Name	Botanischer Name	Blütezeit	Blütenfarbe	Fruchtfarbe
Gemeine Zwergmispel	*Cotoneaster integerrimus*	IV	blaßrot	rot
Meergrüner Geißklee	*Cytisus sessilifolius*	IV bis V	gelb	braun
Kopf-Ginster	*Cytisus supinus*	VI bis VIII	gelb	schwarz
Meerträubel	*Ephedra distachya*	IV	gelbgrün	rot
Färberginster	*Genista tinctoria*	VI bis VIII	gelb	braun
Rainweide 'Lodense'	*Ligustrum vulgare*	wie Stammart; sehr vielseitig verwendbar		
Zwergmandel	*Prunus tenella*	III bis IV	lichtrot	graugrün
Spießweide	*Salix hastata*	V	gelbe bzw. grüne Kätzchen	grau

Der Schwarze Geißklee – ein Blütenfest auch für den kleinen Garten.

Der Burgen-Ahorn ist ein seltenes Kleinod der heimischen Pflanzenwelt.

Pflege nach der Pflanzung

Mit der Pflanzung der Hecke setzen die natürlichen Gestaltungsvorgänge gemäß den Grundgedanken des naturnahen Gartenbaus (siehe S. 13ff.) erst ein. Zunächst aber haben wir durch die Pflanzung eine künstliche Situation geschaffen, die für die ersten zwei bis drei Jahre Betreuung erforderlich macht. Genauer heißt das, die jungen Sträucher müssen vor Mitbewerb geschützt werden. Sie würden sonst leicht von Wildkräutern überwuchert und im Wachstum beeinträchtigt. Eine einfache Lösung ist es, die Pflanzfläche zwischen den Gehölzen mit einer Schicht aus Rindenmulch zu bedecken. Man kann auch einjährige Gründüngungspflanzen wie zum Beispiel Senf aussäen; Exoten wie Bienenfreund (*Phacelia*) oder Wolfsbohne (*Lupinus*) sind im Naturgarten unangebracht.

In der Anwachszeit der Hecke ist es auch noch hin und wieder nötig zu wässern, aber nur nach Bedarf. Das heißt, Gehölze, die grün und gesund aussehen, sollte man in Ruhe lassen und das Gießen nur auf solche beschränken, die ausweislich herabhängender oder welkender Blätter unter Trockenheit leiden. Wenn die Sträucher endlich Wurzel gefaßt haben und kräftig sind, sind die Betreuungsmaßnahmen einzustellen. Die Mulchschicht wird verrotten, und nach und nach werden sich Wildkräuter ansiedeln, was erwünscht ist. Denn erst die selbstgewachsene Begleitflora macht unsere Hecke zur echten Wildhecke und schafft Lebensraum für Tiere. Sie verleiht dem Gebüsch auch viele weitere Farbtupfer, gerade im Sommer, wenn die meisten Gehölze nicht mehr blühen. Für diese Begleitflora muß auch noch Raum vor der Hecke, an ihrem Saum, eingerechnet werden.

Es versteht sich fast von selbst, daß ein Heckenschnitt zu unterbleiben hat. Lediglich kahle oder vergreiste Sträucher können zurückgeschnitten werden. Selbstverständlich kann man auch Zweige abschneiden, die trotz sorgfältiger Raumplanung auf Wege ragen und behindern. Auch bei Gehölzen, die sich stark durch Ausläufer, Absenker oder Sämlinge ausbreiten, muß man eingreifen.

Ganzjähriger Sichtschutz

Wem das dichte Gezweig der laubabwerfenden Wildsträucher als Sichtschutz nicht ausreicht, der kann sich zusätzlich der wenigen Immergrünen bedienen, die die heimische Strauchflora aufzuweisen hat:
Buchs (*Buxus sempervirens*), Latsche, Bergkiefer (*Pinus mugo*), Strauch-Efeu (*Hedera helix* 'Arborescens'; schwarze Beeren),
Eibe (*Taxus baccata*; giftig; rote Früchte),
Hulst, Stechpalme (*Ilex aquifolium*; rote Früchte);
die beiden letzteren können sich im Alter zu Bäumen auswachsen. Mehr oder minder wintergrün (je nach Sorte) ist auch die Rainweide (*Ligustrum vulgare*).

Schattige Standorte

Name	Botanischer Name	Blütezeit	Blütenfarbe	Fruchtfarbe
Gemeiner Seidelbast	*Daphne mezereum*	III bis IV	lichtrot	rot, giftig
Mannsblut	*Hypericum androsaemum*	VI bis VIII	gelb	rot, dann schwarz
Wilde Himbeere	*Rubus idaeus*	V bis VI	weiß	rot
Wasser-Schneeball 'Compactum'	*Viburnum opulus*	wie Stammart		

Die Blumen-Esche freut sich über warme Lagen.

Bäume

Bäume sollten in keinem Garten fehlen. Sie verbessern die Luft und das Kleinklima, schaffen neue Lebensräume und zusätzliche räumliche und ästhetische Wirkungen. Dazu gehören auch so einfache Erscheinungen wie das Rauschen des Laubes. Laubbäume sind die Voraussetzung für bestimmte Pflanzengesellschaften, wie zum Beispiel die der schatten- und lauberdeliebenden Laubwaldstauden. Im Schatten eines Baumes auszuruhen, ist ein besonderes Erlebnis.
Für einen Baum ist oft im Vorgarten Platz. Denkbare Standorte in größeren Gärten sind: auf der Wiese, als Teil einer Hecke, zur Beschattung von Terrasse oder Freisitz, neben einem Wege und etliche mehr.
Es leuchtet ein, daß vor der Pflanzung von Bäumen eine vorausschauende Raumplanung besonders wichtig ist. Es ist jammerschade, wenn Bäume nach vielen Jahren des Wachstums plötzlich im Wege sind, weil sie eine Fensterfront verdunkeln, gegen Hauswand oder Dach drücken oder zu weit auf die Straße hängen. Bäume sollten also so gepflanzt werden, daß für ihre mehrere Meter hohen Kronen auf Dauer Raum sein wird. Aus diesen Überlegungen folgt, daß für die meisten Hausgärten nur Bäume dritter Ordnung, das heißt mit einer Wuchshöhe von höchstens 12 m, in Frage kommen.

Bäume bis 12 m Wuchshöhe

Burgen-Ahorn (Acer monspessulanum)

Der Burgen-Ahorn ist eine der seltensten Baumarten Deutschlands. Er kommt nur in einigen Flußtälern des mittleren Deutschlands vor. Auffällig an ihm sind seine schönen dreilappigen Blätter, die ihm als Anklang an die Dreifaltigkeit den liebevollen Namen Gottes-Ahorn eingetragen haben. Sie färben sich im Herbst gelb oder rot. Der Burgen-Ahorn liebt Wärme und trockenen, kalkhaltigen und durchlässigen Boden.

Blumen-Esche (Fraxinus ornus)

Die Blumen-Esche gehört zu den wenigen in Mitteleuropa heimischen Baumarten mit auffallenden Blüten. Sie schmückt sich im Mai mit auffälligen weißen Blütenrispen. Aus Stammrissen tritt ein süßer Saft aus, weswegen sie auch »Manna-Esche« genannt wird. Sie besitzt die für Eschen kennzeichnenden Fiederblätter. Die Blumen-Esche ist für den Garten sehr zu empfehlen, wenn die Wachstumsbedingungen gegeben sind: eher trockener, kalkhaltiger Boden in milder Lage.

Mehlbeere (Sorbus aria)

Sie ist ein außergewöhnlich schöner, wenn auch langsamwüchsiger Zierbaum. Ihre Blätter sind auf der Unterseite weißfilzig und sehen im Austrieb aus wie sich öffnende Magnolienblüten. Die wirklichen

Mit ansehnlichem Fruchtschmuck wartet im Herbst die Mehlbeere auf.

(weißen) Blütendolden erscheinen im Mai, und zum Herbst hin reifen die auffälligen roten Früchte. Schließlich bietet das Laub noch eine gelbe Herbstfärbung.
Der Mehlbeer-Baum kann eine sehr schöne, ebenmäßige Krone entwickeln.

Salweide (*Salix caprea*)

Die Salweide bringt uns im Vorfrühling mit den ersten Gartenschmuck durch ihre silbergrauen Kätzchen. Nach dem Aufblühen prangen die blütenbedeckten (männlichen) Bäume in freundlichem Gelb und verbreiten einen süßen Duft. Die Blütenkätzchen der Salweide, wie aller Weiden, sind auch für die Tierwelt von unschätzbarer Bedeutung. Vom Laub leben unter anderem die Raupen von Großem Schillerfalter und Großem Fuchs. Die Salweide wächst schnell und ist recht anspruchslos. Nur Schatten meidet sie.

Weitere geeignete Kleinbaumarten:

Tatarischer Ahorn (*Acer tataricum*; Verbreitungsgebiet bis Österreich reichend),
Holzapfel (*Malus silvestris*),
Eberesche (*Sorbus aucuparia*),

für feuchte Standorte
Reifweide (*Salix daphnoides*) und Lorbeerweide (*Salix pentandra*).

für warme Gebiete
Frühlings-Ahorn (*Acer opalus*) und Flaum-Eiche (*Quercus pubescens*).

Ersten Blütenschmuck und Bienennahrung im Jahr bieten die Weiden.

Freilich eignen sich auch einige **Obstarten** als Kleinbäume für den Garten: Pflaume, Weichsel (Sauerkirsche), Pfirsich, Aprikose und Apfel – selbstverständlich als Hochstamm, nicht als Spalierpflanzung.

Bäume bis etwa 20 m Höhe

Weil es nun aber auch größere Gärten gibt, soll auch auf einige empfehlenswerte Bäume bis etwa 20 m Wuchshöhe hingewiesen werden.

Elsbeere (*Sorbus torminalis*)
Sie ist ein wunderschöner Baum, der viel mehr Beachtung verdient. Die Elsbeere ziert durch Laub, Blüte und Früchte. Die weißen Blütendolden im Mai sind auffällig. Ihnen folgen im Herbst eßbare braune Früchte mit apfelähnlichem Geschmack. Die Blätter haben eine sehr ausgeprägte, spitz gelappte Form und färben sich im Herbst leuchtend gelb, kreß (orange) oder rot. Die Elsbeere bevorzugt eher trockenen, kalkhaltigen Boden. Nahe verwandt ist ihr der Speierling (*Sorbus domestica*) mit weißen Blüten, gelbroten größeren Früchten und ebenfalls schöner Herbstfärbung – ein seltener, prachtvoller Baum, der Wärme, Trockenheit und Kalkboden liebt.

Vogelkirsche (*Prunus avium*)
Sie bietet im Frühling mit ihren frischgrünen Blättern und duftenden weißen Blüten einen heiteren Anblick. Ihre schwarzroten, eßbaren Früchte sind auch bei den Vögeln sehr beliebt.

Weitere geeignete Baumarten:
Feld-Ahorn (*Acer campestre*), Hainbuche (*Carpinus betulus*), Espe (*Populus tremula*), Holzbirne (*Pyrus pyraster*)

Die Vogelkirsche hüllt sich im Frühjahr in ein Meer von duftigem Weiß.

und für warme Gebiete Europäischer Zürgelbaum (*Celtis australis*) und Hopfenbuche (*Ostrya carpinifolia*).

Bei der **Pflanzung** vor allem größerer Bäume, die dem Wind ausgesetzt sind, empfiehlt es sich, den Baum an ein oder zwei Pfählen festzubinden. Die Pfähle sollten gleichzeitig mit dem Baum eingesetzt werden, damit nicht bei späterem Einrammen der Wurzelballen verletzt wird. Die Stricke müssen im Laufe der Zeit gelockert werden, damit sie nicht in den Stamm einwachsen.

Bäume können auch in Hecken eingebracht werden. Die duldsamen Laubbäume können mit Sträuchern unterpflanzt werden, wofür sich zum Beispiel die Rote Heckenkirsche (*Lonicera xylosteum*) und die Alpen-Heckenrose (*Rosa pendulina*) eignen.

Die von vielen geliebte Birke (*Betula pendula*) ist schon ein Baum zweiter bis erster Ordnung (bis über 20 Meter hoch). Zudem saugt sie den Boden aus, die nahe an der Erdoberfläche verlaufenden Wurzeln heben Wegbefestigungen hoch, das Laub verrottet schlecht.

Einzelsträucher und Strauchgruppen

Wie schon angedeutet, lassen sich mit Einzelsträuchern und Strauchgruppen Blick- und Schwerpunkte im Garten setzen. Sie machen die Gliederung des Gartens reizvoll. Sie können in Wiesen, Rasenflächen oder größeren Staudenpflanzungen stehen oder auch hervorstehende Punkte unterstreichen.

Als Gehölze für diese Verwendung eignen sich Mittel- und Großsträucher, vor allem solche, die wegen ihrer Lichtansprüche in Hecken schlecht gedeihen oder solche, deren Vorzüge nur im Freistand richtig zur Geltung kommen. Pflanzt man Gruppen von drei Sträuchern, so empfiehlt es sich in der Regel, nur eine Art zu verwenden.

Sträucher für den Einzelstand

Folgende Arten kommen im Freistand gut zur Geltung:

Gelber Blasenstrauch (*Colutea arborescens*)

Dieser Strauch besticht auf den ersten Blick. Seine leuchtend gelben Schmetterlingsblüten erscheinen ab Mai über eine lange Zeit. Manchmal blüht der Strauch noch im Herbst, und dann stehen die auffallenden Blüten neben den großen blasenartigen, rotbraunen oder graugrünen Fruchtschoten, über die sich mitunter die Vögel hermachen.

Der Strauch kann Gestalt und Höhe eines kleinen Bäumchens erreichen und liebt kalkhaltigen Boden sowie einen hellen Standort.

Gemeiner Goldregen (*Laburnum anagyroides*)

Der Goldregen ist vielleicht der prächtigste mitteleuropäische Blü-tenstrauch, was schon sein Name andeutet. Der wilde Gemeine Goldregen wird leider viel seltener angepflanzt als sein gezüchteter Vetter *Laburnum* x *watereri* `Vossii'. Der Naturgartenfreund sollte auf der echten Wildart bestehen, auch wenn deren Blüten kleiner sind. Auch der Goldregen ist ein ausgesprochener Großstrauch. Zu beachten ist, daß er in allen Teilen giftig ist.

Gemeine Klappernuß (*Staphylea pinnata*)

Auch die Klappernuß wächst zu einem stattlichen Großstrauch heran. Sie ist immer ein Blickfang: durch ihr dichtes, hellgrünes Fiederlaub, ihre auffälligen weißen Blütentrauben im Frühsommer und die sich daraus entwickelnden großen, grünen Blasenfrüchte mit eßbaren, braunen Samen. Beim Kauf in der Baumschule sollte man darauf achten, daß man nicht die asiatische *Staphylea colchica* oder eine Hybride mit dieser untergeschoben bekommt, deren Blätter drei- bis fünfzählig sind, im Gegensatz zur einheimischen Klappernuß mit fünf- bis siebenzähligen Blättern. Die Klappernuß liebt Wärme und kalkhaltigen Boden.

Mispel (*Mespilus germanica*)

Wer genug Raum für diesen ausladenden Großstrauch hat, sollte ihn sich gönnen. Er belohnt mit exotisch anmutenden, großen Blättern, rosenartigen weißen Blüten im Mai und großen braunen Früchten im Herbst, die nach Frosteinwirkung verzehrt oder verarbeitet werden können. Vorzugsweise sollte die wurzelechte (dornige) Wildform gepflanzt werden.

Die auffälligen Fruchtschoten des Blasenstrauches rascheln im Wind.

Perückenstrauch
(*Cotinus coggygria*)

Nur wenige wissen, daß das natürliche Verbreitungsgebiet des Perückenstrauches bis nach Österreich und in die Schweiz reicht. Warum sollte er also keinen Platz in unserem Naturgarten finden? Seine perückenartigen rötlichen Fruchtstände und die gelbrote Laubfärbung im Herbst sind bemerkenswert. Gepflanzt werden sollte die grünblättrige Wildform.

Für die genannten Zwecke eignen sich schließlich auch strauchige Weidenarten, wie die Purpurweide (*Salix purpurea*), die Küblerweide (*Salix* x *smithiana*) und die Salweiden-Sorte (*Salix caprea*) 'Silberglanz'. Sie zieren vor allem im zeitigen Frühjahr und sind auch für rauhe Lagen geeignet.

Selbstverständlich bieten sich auch Rosensträucher an. Beispielhaft seien nur die Apfelrose (*Rosa villosa*) samt ihrer halbgefüllten Sorte 'Duplex' sowie die Hechtrose (*Rosa rubrifolia*) genannt.

Duftsträucher

Die Rosen leiten über zu einer besonderen gärtnerischen Gestaltungsmöglichkeit: der Anpflanzung von Duftsträuchern neben Terrassen und Sitzplätzen. Der Duft wird in der Regel von den Blüten erzeugt, bei manchen Gehölzen geht er aber auch vom Laub aus. Dies ist der Fall bei der bereits beschriebenen Weinrose (*Rosa*

Links: Eine wenig bekannte Schönheit ist die Gemeine Klappernuß.
Rechts: Die Mispel – ein Wildobst mit Geschichte.

rubiginosa, S. 22) und ihren alten Hybriden wie 'Lord Penzance'. Bei manchen heimischen Rosen sind sogar die Hagebutten mit Duftdrüsen ausgestattet.

Gemeiner Pfeifenstrauch
(*Philadelphus coronarius*)

Der Pfeifenstrauch ist gemeinhin besser unter dem Namen »Falscher Jasmin« bekannt. Das sagt eigentlich schon alles über den köstlichen Duft seiner weißen Blüten. Bedauerlich ist nur, daß es wegen des allgemeinen Hybridisierens in unseren

Baumschulen schwer ist, die echte Wildform zu bekommen. Nur zu oft erhält man ein undefinierbares Kulturprodukt mit kaum duftenden Blüten.

Auch der Gemeine Pfeifenstrauch wächst zu einem stattlichen Gehölz heran. Er stellt keine besonderen Ansprüche an den Standort. Er wird oft von schwarzen Blattläusen befallen, die aber in einem naturnah bewirtschafteten Garten unter Kontrolle sind.

Gemeiner Wegdorn, Kreuzdorn (*Rhamnus cathartica*)

Manche Gartenfachleute halten den Wegdorn nicht für gartenwürdig, offenbar weil sie nicht den frischen Duft seiner Blüten kennen. Beschreibung siehe Seite 20.

Steinweichsel (*Prunus mahaleb*)

Die Steinweichsel ist einer der schönsten heimischen Großsträucher, der sich auch zu einem kleinen Baum auswachsen kann. Die Pflanze verbreitet einen süßen, waldmeisterähnlichen Duft, der vom Holz und von den Blüten ausgeht. Auch dem Auge bietet die Steinweichsel immer etwas: die glänzenden Blätter, die weißen Blüten im Frühling und die schwarzroten Früchte, die überdies noch eßbar sind.

Sie braucht einen sonnigen Standort und kalkhaltigen Boden. Für feuchtere Standorte eignet sich die Traubenkirsche (*Prunus padus*), deren Blüten ebenfalls köstlich duften.

Meergrüner Geißklee (*Cytisus sessilifolius*)

Diesen Strauch sollte sich merken, wer nur wenig Raum hat und in einer nicht zu rauhen Lage wohnt. Der Meergrüne Geißklee schmückt sich im Mai über und über mit duftenden tiefgelben Blüten, die wunderbar mit dem feingliedrigen,

blaugrünen Laub zusammenwirken. Er wird nur 1,50 m hoch und liebt trockenen, kalkhaltigen Boden.

Gelbe Alpenrose (*Rhododendron luteum*)

Die Gelbe Alpenrose ist eine der drei in Mitteleuropa vorkommenden *Rhododendron*-Arten. Wie fast alle Alpenrosenarten liebt sie sauren Boden, ist aber viel unempfindlicher als die Zuchthybriden. Ihre gelben Blüten (Mai) sind von tropischer Pracht und duften. Sie ist vollkommen frosthart und wird ungefähr mannshoch. Ihr wird Sonnenliebe nachgesagt, aber in Kärnten wächst sie als Unterwuchs in einem Nadelwald.

Auch bei der Einzel- oder Gruppenpflanzung von Gehölzen ist an ausreichenden **Abstand** von Wegen, Terrassen und Fenstern zu denken (in der Regel 1 bis 2 m), damit auch später die Schere im Schrank bleiben kann. Der Abstand zwischen den Gehölzen selbst entspricht dem in Hecken.

Werden Gehölze in Rasen oder Wiesen hineingepflanzt, dann muß die Fläche im Umkreis von bis zu 1 m um die Pflanze zunächst grasfrei gehalten werden, damit diese ungestört anwachsen kann und beim Mähen nicht beschädigt wird. Auch hier ist nach der Pflanzung Bedeckung mit Rindenmulch ratsam.

Links: Die Steinweichsel erfreut mit über-
wältigendem Blütenschmuck, süßem Duft
und später mit glänzenden Blättern.
Rechts: Der Gelben Alpenrose mit ihrer
tropischen Pracht traut man es fast nicht zu,
daß sie in Mitteleuropa vorkommt.

Einfassungen

Bei Einfassungen denkt man vielleicht zunächst an abgezirkelte
barocke Gärten. Aber auch in
naturnahen Gärten haben sie, wenn
auch ungeschnitten, ihren Platz. Sie
können zum Beispiel im Eingangsbereich das Gesamtbild gliedern,
dem Auge Halt geben, sie können
verschiedene Bereiche abmarken,
sie können ein günstiges Kleinklima
schaffen, unerwünschten Samenflug
verhindern oder auch, beim Fehlen
eines Zaunes, Hunden den Zutritt
erschweren.
Die Pflanzen für solche Einfassungen dürfen nicht zu hoch oder aus-
ladend sein, eher buschig und
straff, und sie müssen kräftige Stengel haben. Eine besonders zieren-
de Wirkung ist erwünscht. Diese
Bedingungen erfüllen Kleinsträucher, Halbsträucher und kräftige
Stauden.
Die Kleinsträucher wurden schon
im Zusammenhang der Hecken aufgeführt (siehe S. 23). Für Einfassungen besonders empfohlen seien
noch einmal Kopf-Ginster (*Cytisus
supinus*), Rainweide (*Ligustrum vulgare*) 'Lodense', Färberginster
(*Genista tinctoria*) und für schattige,
nicht zu rauhe Lagen Mannsblut
(*Hypericum androsaemum*). Zusätzlich eignen sich der altbekannte
Einfassungsbuchs (*Buxus sempervirens*) 'Suffruticosa', der weiß
blühende Kärntner Spierstrauch
(*Spiraea decumbens*), der nur 30 cm
hoch wird, und die Essigrose
(*Rosa gallica*). Bei saurem Boden
wäre beispielsweise an das Heide-
kraut (*Calluna vulgaris*) zu denken.

Links: Die rosenroten Schmetterlingsblüten
der Dornigen Hauhechel schmücken den
Garten im Hoch- und Spätsommer.

Halbsträucher
für Einfassungen

Hervorragend geeignet sind die
Halbsträucher, also Gewächse, die
nur unten verholzen, in den oberen
Teilen aber krautig bleiben und im
Winter absterben. Fast alle diese
Halbsträucher lieben einen sonni-
gen Standort.

Dornige Hauhechel
(*Ononis spinosa*)
Ein großer Vorzug dieser Pflanze
sind ihre schönen rosenfarbenen

Die über lange Zeit erscheinenden blauen Blüten des Ysops ziehen Falter, Bienen und Hummeln zugleich an.

kommen, sind die Eberraute (*Artemisia abrotanum*) und die Weinraute (*Ruta graveolens*). Beide sind stark aromatische Heil- und Gewürzpflanzen und Bestandteile unserer Gartenkultur. Die Eberraute kann immerhin über 1 m hoch werden, die Weinraute bleibt etwas kleiner. Letztere hat schön geformte, blaugrüne Blätter und grünlichgelbe Blüten.

Stauden für Einfassungen

Pfingstrose (*Paeonia officinalis*)
Etwas Mühe muß man sich schon machen, um die einfach blühende Wildform der heimischen Pfingstrose zu bekommen, aber sie lohnt sich.
Die ansehnlichen Büsche mit den rosenähnlichen, roten Schalenblüten, die in der Mitte die goldenen Staubgefäße zeigen, sind im Frühling eine beachtliche Zierde, die neben einem Weg besonders gut zur Geltung kommt. Allerdings braucht man nach der Pflanzung etwas Geduld, bis die Pfingstrose sich zu einer reichblühenden Pflanze entwickelt hat.

Sigmarskraut (*Malva alcea*)
Treffenderweise wird diese mit ungefähr 1 m Höhe recht stattliche Pflanze auch »Rosenmalve« genannt. Sie hat nämlich große, rosenähnliche Blüten in tiefem Lichtrot. Ein zusätzlicher Vorzug ist die lange Blütezeit von Juni bis zum Herbst.

Schmetterlingsblüten, die über eine lange Zeit erscheinen, und zwar von Juni bis zum Spätsommer. Der Blust (Blüte) fällt also in eine Zeit, in der die meisten Gehölze nicht mehr blühen. Die Dornige Hauhechel wird ungefähr einen halben Meter hoch, ist genügsam in ihren Bodenansprüchen und verleiht durch ihre Dornen Schutz gegen unerwünschte Beetbesucher.

Kampfer-Wermut (*Artemisia alba*)
Der Kampfer-Wermut ist eine unserer seltensten Pflanzenarten. Seine Anpflanzung kann vielleicht zu seiner Erhaltung beitragen. Mit auffälligen Blüten kann er nicht aufwarten, aber seine graugrünen, duftenden Blätter sind bemerkenswert und haben ihm den Namen gegeben. Er wird 50 bis 80 cm hoch und liebt trockene, warme und kalkreiche Böden.

Ysop (*Hyssopus officinalis*)
Wild kommt der Ysop in Mitteleuro-

pa nur im oberen Rottental (Wallis) vor. Er hat aber so viele Vorzüge, daß er im Naturgarten unentbehrlich ist, sofern warme, trockene Standorte zur Verfügung stehen. Seine Blätter sind aromatisch, als Gewürz und für Heilzwecke verwendbar. Mit 40 bis 50 cm hat er eine günstige Höhe. Das Schönste aber sind seine tiefblauen Blüten, mit denen er den Sommer über ein Blickfang ist, und die Bienen, Hummeln und Falter anziehen.

Apenninen-Sonnenröschen (*Helianthemum apenninum*)
Trotz seinem Namen ist das Apenninen-Sonnenröschen auch in Deutschland heimisch. Es bildet kleine, bis 30 cm hohe, immergrüne Büsche. Die anmutigen weißen Blüten erscheinen ab Mai und den Sommer hindurch.

Nicht heimisch, aber alte Kulturpflanzen, die in dieser Form nirgends urwüchsig in der Natur vor-

Die Spechtwurz (hier vor weißen Margeriten) besticht mit auffälligen Blüten und betörendem Duft.

Der Gelbe Salbei liebt im Gegensatz zu seinen blauen Vettern den Schatten.

Spechtwurz, Diptam (*Dictamnus albus*)

Die Spechtwurz gehört zur selben Pflanzensippe wie die Zitrusgewächse. Erkennbar wird das an dem exotisch anmutenden Duft, den diese Pflanze ausströmt. Die prächtigen lichtroten oder weißen Blüten erscheinen im Frühsommer. Zierend sind auch die sternförmigen Fruchtstände und die gefiederten Blätter. Die Spechtwurz wird etwa 80 cm hoch und liebt trockenen, kalkhaltigen Boden.

Stinkende Nieswurz (*Helleborus foetidus*)

Trotz ihrem Namen muß man keine unangenehmen Gerüche befürchten. Stattdessen haben wir eine buschige Pflanze (50 cm hoch) vor uns, die immergrüne, palmartige Blätter hat. Gerade für eine Einfassungspflanze ist das ganzjährige Grün von Vorteil. Außerdem bringt die Stinkende Nieswurz zu einer ungewöhnlichen Zeit ungewöhnliche Blüten hervor: im ausgehenden Winter, hellgrün mit rotbraunen Rändern. Sie eignet sich vor allem für schattige Lagen.

Gelber Salbei (*Salvia glutinosa*)

Auch der Gelbe Salbei mit seinen aromatischen Blättern (Note: fruchtig) bildet in schattigen Lagen ansehnliche Büsche (bis zu 1 m hoch). Er treibt große, gelbe Blütenähren und hat eine lange Blütezeit, nämlich von Frühsommer bis Herbst.

Bei der Anlage einer Einfassungspflanzung sollte man eher viele Pflanzen einer Art verwenden, damit sich der gewünschte gliedernde Eindruck ergibt. Pflanzt man verschiedene Arten, dann muß man darauf achten, daß sie in Höhe und Gestalt nicht zu sehr voneinander abweichen. So wäre es zum Beispiel verfehlt, einen zierlichen Kärntner Spierstrauch neben eine stattliche Eberraute zu setzen. Es ist zu überlegen, ob die Einfassung formstreng einreihig geführt wird oder ob nicht durch gelegentliches Anfügen von Einfassungspflanzen auf Lücke in weiter Reihe ein allmählicher Übergang in die Flächenpflanzung geschaffen werden soll. Als Pflanzabstand sind entsprechend der Wuchsgröße der Gewächse in der Regel 40 bis 50 cm zu wählen. Ausreichender Abstand zu den Wegen ist wichtig.

Verschiedene Lebensgemeinschaften

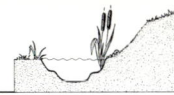

Anlage eines Wildstauden-Beets

Obwohl es grundsätzlich schon in der Einleitung gesagt wurde, muß noch einmal darauf hingewiesen werden, daß bei der Anlage eines Wildstaudenbeetes sogenannte bodenverbessernde Maßnahmen unterbleiben. Das Einbringen von Kompost oder ähnlichem und das Entfernen von Steinen sind nicht nur nutzlos – solche Maßnahmen schaden sogar den meisten Wildstauden.

Was die Pflanzdichte bei den verschiedenen Staudenarten angeht, so gibt es in den Katalogen der Staudengärtnereien nützliche Übersichten, an denen man sich ausrich-

Das sonnige Staudenbeet bietet Lebensraum für eine Vielfalt von Wildblumen. Während die einen schon Samen tragen, sind die anderen in voller Blüte.

ten kann. Als grobe Faustregel kann für die Wildstauden folgendes gelten: etwa 30 cm Abstand bei den meisten Arten, weniger bei eher zarten Arten und 40 bis 50 cm bei ausgesprochenen Großstauden wie dem Herzgespann.

Gerade bei Staudenpflanzungen muß sich der Naturgärtner darüber klar sein, daß er nur den Anfangspunkt einer Entwicklung setzt. Die eine Staudenart mag verschwinden, eine andere wandert durch Ausläufer oder Selbstaussaat an eine ihr genehmere Stelle, eine dritte breitet sich am Anfang stark aus. Weitere wertvolle Arten siedeln sich von selbst an.

Der Naturgärtner beobachtet diese Entwicklungen nicht argwöhnisch, sondern neugierig. Er braucht auch nicht zu befürchten, daß die starke Ausbreitung einer bestimmten gepflanzten Art auf die Dauer zu einem eintönigen Bilde führen müsse. Eine solche Art nutzt nur die ihr gebotenen günstigen Bedingungen

und verändert diese dabei, so daß wieder Voraussetzungen für andere Arten geschaffen werden.

Sonniges Staudenbeet

Bevor man sich zur Anlage einer Staudenpflanzung entschließt, sollte man die Vor- und Nachteile gegeneinander abwägen. Der Haupt-Vorteil gegenüber der Gestaltung mit Gehölzen oder mit Wiese ist die größere Farbigkeit und Blütenfülle, gerade in Jahreszeiten, in denen die Gehölze kaum blühen. Zudem sind viele Kerbtiere und andere Kleinlebewesen gerade auf die Wildstauden angewiesen, wovon man sich im Gesumm und Gebrumm eines Sommertages ein lebhaftes Bild machen kann. Als Nachteil kann zu Buche schlagen, daß eine Staudenpflanzung mehr Arbeit macht und auch in der Anlage teurer ist.

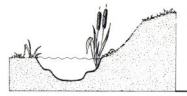

Das Berg-Laserkraut entfaltet sein doldiges Blütenfeuerwerk.

Staudenbeete werden naturgemäß vor allem dort angelegt, wo sie ins Auge fallen, also namentlich in Vorgärten, entlang Wegen, an Terrassen. Eine besondere Möglichkeit ist die Anlage einer Staudenpflanzung neben einer Blumenwiese. Man wählt dann besonders Wiesenstauden, die sich in die Wiese hinein ausbreiten können.

Für die Planung einer Staudenpflanzung ist es sinnvoll, die Pflanzen in drei Gruppen zu unterteilen: Leitstauden, mittelhohe Stauden und Bodendecker. Leitstauden stechen durch Größe und Wuchs ins Auge und werden einzeln oder in kleinen Gruppen gepflanzt. Von den mittelhohen Stauden, wie auch den Bodendeckern, nimmt man immer größere Stückzahlen, weil sie am besten in größeren Gruppen zur Geltung kommen. Die Bodendecker wachsen in der Regel flach und treiben oft Ausläufer, so daß sie ihrem Namen Ehre machen und die Pflanzendecke nach und nach schließen. Wie schon einmal betont, gibt es im naturnahen Garten ja keine offenbleibende Erde. Die Kunst bei der Beetanlage besteht darin, zu einem spannungsvollen und doch stimmigen Miteinander von höheren und niedrigeren Pflanzen zu kommen. Zu sehr sollte man sich den Kopf aber nicht zerbrechen, denn die Pflanzung wird sich im Laufe der Zeit nach ihren eigenen Gesetzen verändern.

Da die Leitstauden den Schwerpunkt bilden, ist es sinnvoll, bei der Planung mit ihnen zu beginnen und die übrigen Pflanzen passend dazu zu wählen. Die Farbabstimmung ist nicht schwierig, denn die heimischen Wildstauden passen fast immer zueinander.

Weitere geeignete Großstauden

Name	Botanischer Name	Blütezeit	Blütenfarbe
Weißer Affodill	Asphodelus albus	V bis VI	weiß
Spechtwurz	Dictamnus albus	siehe S. 33	
Großblütiger Fingerhut	Digitalis grandiflora	VI bis VIII	gelb
Blaue Kugeldistel	Echinops ritro	VII bis IX	blau
Wald-Weidenröschen	Epilobium angustifolium	VI bis VIII	purpurrot
Thüringer Strauchpappel	Lavatera thuringiaca	VII bis VIII	blaßrot
Sigmarskraut	Malva alcea	siehe S. 32	
Echte Katzenminze	Nepeta cataria	VI bis IX	rötlichweiß
Dornige Hauhechel	Ononis spinosa	siehe S. 31	
Pfingstrose	Paeonia officinalis	siehe S. 32	
Knollen-Brandkraut	Phlomis tuberosa	VI bis VII	lichtrot
Attich	Sambucus ebulus	VII bis VIII	rötlichweiß
Rainfarn	Tanacetum vulgare	VII bis IX	gelb
Rispiger Ehrenpreis	Veronica spuria	VI bis VIII	blau

Leitstauden

Herzgespann (*Leonurus cardiaca*)

Der Name verrät es schon: Das Herzgespann ist eine geschichtsträchtige Heilpflanze, die früher als Mittel gegen Herz- und Atembeklemmungen angesehen wurde. Die Pflanze ist eine beeindruckende Erscheinung, straff aufrecht mit vielen gelappten Blättern entlang den Stengeln und dichten, blaßroten Blütenquirlen während des Sommers, die bei den Bienen sehr beliebt sind.

Raukenblättriges Greiskraut (*Senecio erucifolius*) ◎

Es ist wie sein naher Verwandter, das Jakobs-Greiskraut (*Senecio jacobaea*), eine sehr empfehlenswerte Staude, weil es reich, lang und spät blüht. Vom Sommer bis zum Herbst erscheinen die margeritenartigen, gelben Blütenköpfchen. Die beiden Greiskräuter säen sich auch gern aus.

Berg-Laserkraut (*Laserpitium siler*)

Doldenblütler wie das Berg-Laserkraut sollten in einem naturnahen Garten nicht fehlen. Die Feingliedrigkeit dieser Gewächssippe wirkt sogar noch im Winter bei den abgestorbenen Pflanzen. Die zahlreichen weißen Doldenstrahlen des Berg-Laserkrautes sehen wie ein kleines Feuerwerk aus. Die Pflanze blüht von Juni bis August.

Aufrechte Waldrebe (*Clematis recta*)

Im Gegensatz zu den meisten anderen *Clematis*-Arten ist die Aufrechte Waldrebe eine Staude und wächst buschig aufrecht. Blüte: rahmweiß von Juni bis August.

Mittelhohe Stauden

Karthäusernelke (*Dianthus carthusianorum*)

Die Blätter dieser Wildnelke sind grasartig. Ihre purpurroten Blüten stehen zusammen in mehrzähligen Köpfchen und leuchten weithin. Die Karthäusernelke ist zartgliedrig und wirkt vor allem in der Schar. Sie liebt mageren, trockenen Boden.

Heil-Ziest (*Stachys officinalis*) ⓑ

Der Heil-Ziest ist ein Sommerblüher mit kräftig lichtroten bis seidlen (lilarosa) Lippenblüten. Seine länglichen, gekerbten Blätter sind auch

Links: Die heimische Pflanzenwelt hat etliche Iris-Arten aufzuweisen. Der Bunte Schwertel ist vielleicht die Schönste davon.
Unten: In größeren Gruppen gepflanzt, kommt der Heil-Ziest mit seinen lichtroten Blütenständen erst richtig zur Geltung.

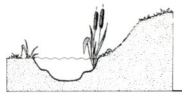

außerhalb der Blütezeit zierend.
Die Pflanze wird bis 50 cm hoch
und ist für kalkhaltige und saure
Böden gleichermaßen geeignet.

Felsen-Fingerkraut
(*Potentilla rupestris*) Ⓖ

Das Felsen-Fingerkraut gedeiht
trotz des Namens auch in gewöhn-
lichem Gartenboden gut. Es bildet
kräftige Büsche mit reizvoll gefiederten Blättern aus. Im Mai und
Juni erfreut es an emporgereckten
Stielen mit einem Feuerwerk aus
weißen Blüten.
Früher blüht das verwandte Weiße
Fingerkraut (*Potentilla alba*). Es
wächst flach und hat gefingerte
Blätter, die sich im Herbst oft gelbrot verfärben.

Bunter Schwertel, Schwertlilie
(*Iris variegata*) Ⓟ

Aus der großen Gattung *Iris* ist der
Bunte Schwertel ein besonders lie-

benswerter Vertreter, der mehr
Beachtung verdient. Er wird bis
40 cm hoch mit sattgrünen schwert-
förmigen Blättern. Er blüht im Frühsommer gelb, die äußeren Blüten-
blätter weiß und rot- oder violett-
braun gescheckt. Der Bunte
Schwertel ist unempfindlich und
steht von Natur aus eher trocken.

Einjährige Blumen zur Zwischensaat

In den ersten beiden Jahren der
Staudenpflanzung liegt noch viel
Boden offen, und das schafft
Schwierigkeiten: schnelle Austrocknung, Abschwemmung, Aufgehen
unerwünschter Beikräuter. Die Ein-
saat einjähriger Pflanzen kann hier
für Überbrückung sorgen. Einjährige setzen sich nicht an einer Stelle
fest und sind deshalb keine gefähr-
lichen Wettbewerber der Stauden.

Weitere mittelhohe Stauden

Name	Botanischer Name	Blütezeit	Blütenfarbe
Gemeine Ochsenzunge	Anchusa officinalis	VI bis IX	violett
Graslilie	Anthericum liliago, A. ramosum	V bis VII bzw. VI bis VIII	weiß
Weidenblättriges Ochsenauge	Buphthalmum salicifolium	VI bis IX	gelb
Sichelblättriges Hasenohr	Bupleurum falcatum	VI bis IX	gelb
Knäuel-Glockenblume	Campanula glomerata	VI bis IX	blauviolett
Blut-Storchschnabel	Geranium sanguineum	VI bis VIII	rot
Gewöhnliches Leinkraut	Linaria vulgaris	VI bis X	gelb
Echte Schlüsselblume	Primula veris	IV bis V	gelb
Gewöhnliche Küchenschelle	Pulsatilla vulgaris	III bis IV	violett
Gamander-Ehrenpreis	Veronica chamaedrys	IV bis VI	blau
Ähriger Ehrenpreis	Veronica spicata	VII bis VIII	blau

Links: Im Naturgarten nicht zu vergessen: die kurzlebige Blütenpracht der Einjährigen. Hier die leuchtende Kornrade.
Rechts: Im Gehölzschatten unübersehbar sind die stattlichen weißen Federbüsche des Geißbartes.

Hier einige Artenvorschläge (die Blütezeiten schwanken):
Sommer-Adonis
(*Adonis aestivalis*), rot,
Kornrade
(*Agrostemma githago*), violett,
Gelber Günsel
(*Ajuga chamaepitys*), gelb,
Acker-Löwenmaul
(*Antirrhinum orontium*), lichtrot,
Acker-Meister
(*Asperula arvensis*), blau,
Gelbe Sommerflockenblume
(*Centaurea solstitialis*), gelb,
Erdbeerspinat (*Chenopodium foliosum*), rote Früchte (Vorsicht beim Jäten! Pflanze sieht zunächst aus wie eine lästige Melde),
Stunden-Eibisch
(*Hibiscus trionum*), rahmgelb,
Frauenspiegel
(*Legousia speculum-veneris*), violett,
Wildes Stiefmütterchen
(*Viola tricolor*), bunt.
Die wohl schönste einjährige Pflanze, der orchideenhafte, gelb-weiß-blaue Bunte Hohlzahn (*Galeopsis speciosa*), ist leider noch kaum zu bekommen.

Schattenstauden

Fast in jedem Garten gibt es schattige oder halbschattige Bereiche, denen mancher Gartenbesitzer ratlos gegenübersteht. Aber auch für diese Stellen ist in der Natur manches Kraut gewachsen. Zwar gibt es nur wenige Arten, die in echtem Vollschatten gut gedeihen, wie zum Beispiel der Wald-Sauerklee (*Oxalis acetosella*), aber wirklichen Vollschatten gibt es im Garten auch kaum. Fast immer gelangt zumindest zu einer Tageszeit etwas Sonne an die jeweilige Stelle. Heikel sind allerdings trockenschattige Plätze unter Dachüberständen und unter Nadelbäumen. Die meisten Schattenstandorte sind etwas feucht, und dementsprechend sind auch die Vorlieben der Schattenstauden verteilt.
Bei Neuanlagen von Gärten ergeben sich für die geplanten Schattenbereiche oft zwei Schwierigkeiten:
* Die gepflanzten Gehölze sind noch zu klein, um Schatten zu spenden.
* Der Boden ist roh, während doch viele schattenliebenden Staudenarten Laubhumus benötigen.
Wenn man nicht die Schattenstauden erst einige Jahre später einbringen will, bleiben außer Geduld (ertragen, daß die gepflanzten Stauden die erste Zeit zum Teil etwas kümmerlich aussehen) nur Pflegeeingriffe: Auftragen von Laubkompost oder Lauberde und häufiges Wässern. Man kann auch im Herbst anfallende Blätter dort verteilen.

Bei der Pflanzung geht man vor, wie im vorigen Abschnitt dargestellt. Auch hier sollten wir die Bodendecker nicht vergessen, die ab Seite 43 behandelt werden. Die nachfolgend vorgestellten Stauden entstammen den Bereichen »Gehölzrand/Halbschatten« bis »Schatten«.

Leitstauden

Wald-Geißbart (*Aruncus dioicus*)
Wie viele Rosengewächse hat der Wald-Geißbart schön gefiederte Blätter. Als große Ausnahme in dieser Gewächssippe ist er aber zweihäusig, das heißt, zur Samen-

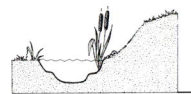
bildung sind männliche und weibliche Pflanzen notwendig. Wer die Ausbreitung der Staude wünscht, muß also mehrere davon pflanzen. Der Wald-Geißbart wächst zu einem stattlichen Busch von ungefähr 1,50 m Höhe heran. Den Namen haben ihm die dichten, weißen bis rahmfarbenen Blütenähren eingetragen, die im Frühsommer zu sehen sind.

Gewöhnliche Goldrute
(*Solidago virgaurea*)

Die Gewöhnliche Goldrute ist nicht zu verwechseln mit den aus Amerika eingeführten Goldrutenarten, die in Massen auf Brachflächen und an Straßenrändern wachsen. Dagegen ist diese einheimische Art zurückhaltend und unaufdringlich. Ihre gelben Blüten stehen in dichten Rispen entlang dem Stengel. Bemerkenswrt ist die Blütezeit: Juli bis Oktober. Die Gewöhnliche Goldrute kommt auch mit Trockenheit und saurem Boden zurecht.

Wohlriechender Odermennig
(*Agrimonia procera*)[B]

Ähnlich wie der Wald-Geißbart bildet der Wohlriechende Odermennig prachtvolle, große Büsche.

Als zusätzlichen Vorzug hat er Duftdrüsen an den Blättern, die einen fruchtigen Geruch verbreiten. An langen Ähren öffnen sich der Reihe

Oben: Selten und schön ist das großblütige Immenblatt.
Rechts: Die Sternmiere kann große Flächen am Gehölzrand bedecken.

Weitere geeignete Großstauden

Name	Botanischer Name	Blütezeit	Blütenfarbe	Anmerkung
Schellenblume	*Adenophora liliifolia*	VII bis IX	violett	Duftpflanze
Ausdauerndes Silberblatt	*Lunaria rediviva*	V bis VII	blaßviolett	silbrige Fruchtstände
Süßdolde	*Myrrhis odorata*	V bis VII	weiß	Duftpflanze
Meisterwurz	*Peucedanum ostruthium*	VII bis VIII	weiß oder blaßrot	alte Bauerngartenpflanze
Wolliger Hahnenfuß	*Ranunculus lanuginosus*	V bis VII	gelb	kalkliebend
Platanenblättriger Hahnenfuß	*Ranunculus platanifolius*	V bis VII	weiß	liebt Feuchtigkeit
Gelber Salbei	*Salvia glutinosa*			siehe S. 33
Kleine Wiesenraute	*Thalictrum minus*	VI bis VII	gelb	zierendes Blatt
Schwalbenwurz	*Vincetoxicum hirundinaria*	V bis VIII	weiß	trockenheitsverträglich

nach die gelben Blüten, die ungefähr 1 cm breit sind. Die Pflanze blüht im Sommer mehrere Monate lang.

Riesen-Haarstrang
(*Peucedanum verticillare*)[O]

Der Riesen-Haarstrang ist etwas ganz Besonderes. Er ist ein Doldenblütler mit grünlichgelben Blüten. Gegen Ende des Sommers verfärben sich seine Stengel und Samen in Rot- und Violettönen. Das Auffälligste aber ist seine Gestalt. Er erreicht Übermannshöhe – und das bei kerzengeradem Wuchs.

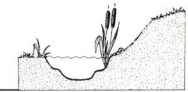

Weitere mittelhohe Stauden

Name	Botanischer Name	Blütezeit	Blütenfarbe
Schwarzfrüchtiges Christophskraut	*Actaea spicata*	V bis VII	weiß
Osterluzei	*Aristolochia clematitis*	V bis VI	gelb
Langblättriges Hasenohr	*Bupleurum longifolium*	VII bis VIII	gelb
Zwiebel-Zahnwurz	*Dentaria bulbifera*	V bis VI	violett, lichtrot oder weiß
Finger-Zahnwurz	*Dentaria pentaphyllos*	IV bis V	violett
Wald-Storchschnabel	*Geranium silvaticum*	VI bis VIII	violett
Knotiger Storchschnabel	*Geranium nodosum*	V bis IX	blaßrot bis violett
Wald-Vergißmeinnicht	*Myosotis silvatica*	V bis VII	blau
Ährige Teufelskralle	*Phyteuma spicatum*	V bis VII	weiß
Blutwurz	*Potentilla erecta*	VI bis VIII	gelb
Rundblättriger Steinbrech	*Saxifraga rotundifolia*	VI bis IX	weiß, rot, gelb
Knotige Braunwurz	*Scrophularia nodosa*	VI bis VIII	braunrot

Mittelhohe Stauden

Immenblatt
(*Melittis melissophyllum*)
Das Immenblatt hat seinen Namen wahrscheinlich von seinem honigduftenden Laub. Bemerkenswert sind aber auch seine auffälligen Lippenblüten (Mai bis Juli). Sie sind entweder ganz weiß oder in verschiedenen Verteilungen von Weiß und Rot gemustert.

Große Sternmiere
(*Stellaria holostea*)
Ihr Name ist sehr treffend, denn in der Tat sehen die recht großen Blüten dieser Pflanze über den hellgrünen grasartigen Blättern wie weiße Sterne aus. Die Große Sternmiere bildet durch Ausläufer leicht ganze Kolonien. Eine weitere für den Gartenbau wichtige Eigenschaft: Die Blätter sind wintergrün. Die Große Sternmiere blüht von April bis Juni. Sie bevorzugt sauren Boden.

Knoten-Beinwell
(*Symphytum tuberosum*)
Der Knoten-Beinwell blüht ebenfalls im Frühling. Seine Blüten sind glöckchenartig und blaßgelb. Es besteht Verwechslungsgefahr mit dem nicht heimischen Knollen-Beinwell (*Symphytum bulbosum*), der kleinere Blüten hat und Ausläufer treibt.

Schwarze Platterbse
(*Lathyrus niger*) ☺
Die große Gattung der Platterbsen ist wegen ihrer Vielseitigkeit für Naturgärten sehr wichtig. Die Schwarze Platterbse paßt gut in Gehölzsäume. Sie entwickelt sich zu einer ansehnlichen Pflanze mit zierlichen Fiederblättern und violetten Schmetterlingsblüten (Mai bis Juli), auf die schwarze Samenschoten folgen. Von ihnen hat sie den Namen.

Farne

Nicht zu vergessen bei der Gestaltung schattiger Bereiche sind die Farne. Ihre tiefgrünen Wedel schaffen eine besondere Stimmung, die manchen an tiefe, einsame Wälder erinnert. Ein verbreiteter und recht pflegeleichter Vertreter ist der Gemeine Wurmfarn (*Dryopteris filix-mas*), der ungefähr 1 m hoch wird.

Weitere Arten: Breiter Wurmfarn (*Dryopteris dilatata*), Dorniger Schildfarn (*Polystichum aculeatum*), Brauns Schildfarn (*Polystichum braunii*), Hirschzunge (*Phyllitis scolopendrium*). Letzterer ist immergrünund liebt feuchte Steinböden sowie wintermildes Klima.
Viele Farne brauchen nicht nur feuchten, sondern auch sauren Boden. Wer diese Bedingungen vorfindet, kann die vielleicht beein-

Überraschung im Frühjahr: Aus der Erde entrollen sich grüne Farnwedel.

druckendsten heimischen Farne pflanzen, den Königsfarn (*Osmunda regalis*) und den Straußfarn (*Matteuccia struthiopteris* – er verträgt mehr Kalk).

Bodendecker

Wer das Wort »Bodendecker« hört, denkt vielleicht zuerst an einfallslose Flächen- oder Böschungs-»Begrünungen« (schon dieser Ausdruck ist verräterisch) vor öffentlichen Gebäuden. Der Volksmund hat für diese Cotoneasterwüsten die treffende Bezeichnung »Finanzamtgrün« geprägt.

Trotzdem sind bodendeckende Pflanzen für den Gartenbau sehr wichtig, gerade für den naturnahen, der ja offene Erde vermeiden will. Aber zum Glück gibt es eine Fülle heimischer Wildpflanzen, die diesen Zweck erfüllen, schön anzusehen und ökologisch wertvoll sind. Diese Bodendecker lassen sich in Staudenpflanzungen einbringen, unter Hecken und einzelnen Gehölzen pflanzen und in Mischung flächenhaft verwenden.

Für die Pflanzabstände gelten die Angaben von Seite 35; bei Stauden ist die Faustregel »durchschnittlich 30 cm«. Freilich ist es gerade bei dieser Verwendung (schnelle Bedeckung) wichtig, die Abstände nicht zu groß zu wählen. Andererseits breiten sich die oben genannten Stauden fast immer durch Ausläufer, Absenker oder Aussaat aus. Es ist wichtig, größere Stückzahlen von einer Art zusammenzupflanzen. Potentielle Bodendecker finden sich unter Kleinsträuchern, Klettergewächsen und Stauden. Kleinsträucher sind oftmals Sortenauslesen von Wildstraucharten, die man getrost verwenden kann. Was den Standort betrifft, wollen wir grob unterscheiden zwischen sonnigen und halbschattigen bis schattigen Bereichen.

Eine ungewöhnliche Blütenfarbe bringt das Kresse Habichtskraut in den Garten. Die Dolden leuchten weithin und bestimmen das Bild.

Bodendecker für sonnigen Standort

(Geeignete Kleinsträucher sind im Abschnitt »Böschungen« zu finden.)

Schneeheide (*Erica carnea*)

Die Schneeheide hat einen hohen Zierwert, weil sie immergrün und Winterblüher ist. Sie bildet flache Polster, treibt Ausläufer und entwickelt dadurch mit der Zeit geschlossene Bestände. Die glöckchenartigen lichtroten oder weißen Blüten erscheinen ab dem Spätwinter.

Die Schneeheide liebt kalkhaltigen, lockeren Boden mit gutem Wasserabzug, gern steinig. Im trockenheißen Tiefland bekommt ihr etwas Beschattung gut.

Kresses Habichtskraut (*Hieracium aurantiacum*)

Mit seinen kressen (orangefarbenen) Blüten ist dieses Habichtskraut die große Ausnahme unter den heimischen Gewächsen, bei denen sonst diese Farbe weitgehend fehlt. Große Vorsicht ist deswegen bei der farblichen Zusammenstellung mit den Nachbarpflanzen am Platze. Vor allem die Farbtöne Lichtrot und Seidel (Lilarosa) sollten im näheren Umkreis nicht vorkommen. Gut paßt dagegen Weiß, Gelb und reines Blau.

Das Kresse Habichtskraut ist sehr lebenskräftig und vermehrt sich durch Ausläufer und Selbstaussaat. Auffallend sind seine borstigen Blattrosetten. Es blüht den ganzen Sommer hindurch.

Hufeisenklee
(*Hippocrepis comosa*)

Der Hufeisenklee überzieht ganze Flächen mit einer dichten, grünen Decke. Daß er das auch auf rohen Böden tut, macht ihn wertvoll für Neuanlagen. Im Mai oder Juni schmückt er sich mit einem Meer tiefgelber Schmetterlingsblüten – bei flächiger Pflanzung ein einprägsamer Anblick. Ihren Namen hat die Pflanze von der Gestalt der Fruchthülsen. Der Hufeisenklee liebt trockenen Boden.

Frühlings-Fingerkraut
(*Potentilla tabernaemontani, P. neumanniana, P. verna*)

Ähnliche Standorte besiedelt das Frühlings-Fingerkraut. Bei enger Pflanzung (ungefähr 25 cm Abstand) entwickelt es sich schnell zu einer geschlossenen Decke. Ein großer Vorzug ist sein früher Blust (Blüte), nämlich ab März. Die recht großen, leuchtendgelben Blüten entfalten sich in großer Menge über den feingliedrigen Blättern.

Weitere Bodendecker für sonnige Lagen

Name	Botanischer Name	Blütezeit	Blütenfarbe	Anmerkung
Grasnelke	*Armeria maritima*	V bis IX	lichtrot	salzverträglich
Ackerhornkraut	*Cerastium arvense*	IV bis VII	weiß	auch auf Rohboden
Bunte Kronwicke	*Coronilla varia*	VI bis VIII	lichtrot	40 – 50 cm Pflanzabstand ausreichend
Gewöhnliches Sonnenröschen	*Helianthemum nummularium*	VI bis X	gelb	immergrün, sehr empfehlenswert
Kleines Habichtskraut	*Hieracium pilosella*	V bis X	gelb	geeignet für Sandboden
Poleiminze	*Mentha pulegium*	VII bis IX	violett	für feuchte Stellen
Gänse-Fingerkraut	*Potentilla anserina*	VI bis VIII	gelb	verträgt Bodenverdichtung
Große Braunelle	*Prunella grandiflora*	VI bis VIII	violett	liebt Lehm
Tripmadam	*Sedum reflexum*	VI bis VIII	gelb	Gewürz
Frühblühender Quendel	*Thymus praecox*	V bis IX	lichtrot	Duftpflanze
Feldquendel	*Thymus serpyllum*	VI bis IX	lichtrot	Duftpflanze

Bodendecker für halbschattige und schattige Flächen

Bärenschote
(*Astragalus glycyphyllos*) ©

Die Bärenschote gehört zu der vielgestaltigen und farbenfrohen Gattung der Tragante, die noch ihrer Entdeckung durch den Gartenbau harrt. Sie ist ein typischer Schmetterlingsblütler mit langen Fiederblättern, grünlichgelben Blüten (Mai bis Juni) und auffallenden Samenschoten. Sie treibt meterlange Stengel, die dem Boden aufliegen und schnell eine grüne Decke schaffen. Die Bärenschote kann rohe (lehmige) Böden verbessern. Wegen ihrer tiefen Wurzeln ist sie auch zur Böschungsbefestigung

Links: Der zarte Hufeisenklee bedeckt rasch
rohe Böden in Neuanlagen. Die leuchten-
den Schmetterlingsblüten heben sich
von den dunkelgrünen Fiederblättchen ab.

geeignet. Nahe verwandt ist der
Kicher-Tragant (*Astragalus cicer*)⊕
mit kürzeren Stengeln.

Walderdbeere (*Fragaria vesca*)

Die Walderdbeere ist ein Bodendecker, wie man sich ihn nur wün-
schen kann. Sie treibt lange, wur-
zelnde Ausläufer, blüht im Frühling
und Frühsommer über Monate und
trägt schmackhafte Früchte. Für
vollen Schatten ist sie allerdings
nicht geeignet.

Blauroter Steinsame (*Lithosper-mum purpureo-caeruleum* syn. Buglossoides *p.-caerulea*)

Der Blaurote Steinsame ist als
Bodendecker unentbehrlich. Da
er Trockenheit verträgt, eignet er
sich sehr gut zur Bepflanzung von
Baumscheiben. Mit dem Blauroten
Steinsamen gelingt es sogar, durch-
wurzelte, karge Böden unter dichten Baumbeständen zu begrünen,
wo sonst nichts wachsen will.
Wegen seiner langen, liegenden
Triebe eignet sich diese Staude
auch zum Überwachsen von Mauerkronen, zum Beispiel am Rande
von Böschungen. Mit seinen auffallenden tiefblauen Blüten aus roten
Knospen (Juni/Juli) ist der Blaurote
Steinsame ein kennzeichnender
Vertreter der Rauhblatt- oder Bor-
retschgewächse.

Felsen-Storchschnabel (*Geranium macrorrhizum*)

Auch der Felsen-Storchschnabel
verträgt Trockenheit. Er wächst in
der Sonne ebenso wie im Schatten.
Weitere Vorzüge sind der starke
Duft seiner Blätter (anregend frisch-
würzig) und seine lange Blütezeit
(Mai bis Juli) mit schönen roten
oder weißen Blüten. Er bildet
zuverlässig eine dichte Boden-
decke.

Steinbeere (*Rubus saxatilis*)⊕

Die Steinbeere ist ein gutes Beispiel
für das bei weitem nicht ausge-

Der Blaurote Steinsame kann große Flächen
unter Bäumen bedecken und mit seinen
tiefblauen Blüten überziehen.

schöpfte Gartenpotential der heimischen Wildgewächse. Sie ist sicherlich hervorragend geeignet als Bodendecker für beschattete Flächen mit gutem Wasserabzug. Während unsere Gärtnereien exotische Bodendecker wie *Pachysandra* und *Acaena* in Massen vermehren, ist die Steinbeere bislang nicht in Kultur gewesen. Erste Vermehrungsversuche sind aber nun im Gange.

Die Steinbeere (im Gegensatz zu den meisten ihrer Verwandten eine Staude) blüht weiß von Mai bis Juli. Im Spätsommer bilden sich die wohlschmeckenden, leuchtendroten Früchte, die Ähnlichkeiten mit Johannisbeeren haben. Zierend sind auch die glänzend hellgrünen Blätter. Die Steinbeere eignet sich auch zum Überhängen und zum Überwachsen von Steinen und Felsen. Nicht vergessen werden darf das

Weitere Bodendecker für halbschattige bis schattige Lagen

Name	Botanischer Name	Blütezeit	Blütenfarbe
Sinau, Frauenmantel	Alchemilla vulgaris	V bis VIII	gelbgrün
Maiglöckchen	Convallaria majalis	V bis VI	weiß
Kriechende Gemswurz	Doronicum pardalianches	V bis VI	gelb
Alpen-Sockenblume	Epimedium alpinum	IV bis V	rot
Waldmeister	Galium odoratum	V	weiß
Gundermann	Glechoma hederacea	III bis V	violett
Christrose	Helleborus niger	XII bis III	weiß
Grüne Nieswurz	Helleborus viridis	II bis IV	grün
Gefleckte Taubnessel	Lamium maculatum	IV bis VI	rot
Frühlings-Platterbse	Lathyrus vernus	IV bis VI	rotblau
Pfennigkraut	Lysimachia nummularia	VI bis VII	gelb
Frühlings-Gedenkemein	Omphalodes verna	IV bis V	blau
Wald-Sauerklee	Oxalis acetosella	IV bis V	weiß
Echtes Lungenkraut	Pulmonaria officinalis	III bis IV	violett
Dreiblättrige Waldsteinie	Waldsteinia ternata	IV bis V	gelb

bekannte Kleine Singrün oder Immergrün (*Vinca minor*). Es ist auch im Winter belaubt und bekommt im zeitigen Frühjahr (ab März) je nach Sorte blaue, weiße oder violettrote Blüten.

Süße Beeren auf saurem Boden

Wer sauren Boden vorfindet, kann auch so schöne und nützliche Pflanzen wie Heidelbeere (*Vaccinium myrtillus*) und Krons- oder Preiselbeere (*Vaccinium vitis-idaea*) verwenden. Für leichte (sandige), saure Böden eignen sich Krähenbeere (*Empetrum nigrum*) und Bärentraube (*Arctostaphylos uva-ursi*).

Buschwindröschen, Schlüsselblumen und Frühlings-Platterbsen sind eindrucksvolle Frühlingsblüher für beschattete Laubböden.

Böschungen

Böschungen bereiten manchem Gartenbesitzer Sorgen, weil hier besondere Anforderungen an die Bepflanzung zu stellen sind. Wichtig sind rascher Bewuchs und tiefe Durchwurzelung, um eine ausreichende Befestigung zu gewährleisten. Aber gerade Böschungen lassen sich mit heimischen Gewächsen sehr ansprechend gestalten. Naturgemäß spielen dabei auch die im vorigen Abschnitt dargestellten Bodendecker eine Rolle. Diese können und sollen neben den im folgenden beschriebenen Arten verwendet werden.

Für die Pflanzenauswahl ist zu bedenken, daß Böschungen in der Regel oben trocken und unten feucht sind. Da die meisten heimischen Pflanzen im Frühjahr oder Frühsommer blühen, sind Spätblüher wie Edel-Gamander, Weiße Waldrebe und Kratzbeere für die Gestaltung besonders wertvoll.

An der Seite oder am Unterende von Böschungen befinden sich oft Mauern oder Wände, an denen überhängende Pflanzen gut wirken. In Frage kommen Kleines Singrün (Immergrün) und Alpen-Waldrebe sowie etliche Pflanzen aus dem Abschnitt »Bodendecker«.

Anstelle von Bodendeckern können auch flächig Kleinsträucher oder Halbsträucher wie Ysop und Dornige Hauhechel gepflanzt werden. Bei genügend großen Böschungen empfiehlt es sich, dazwischen größere Pflanzen einzustreuen, einzeln oder in kleinen Gruppen. Hierfür eignen sich Klein- bis Mittelsträucher, namentlich Wildrosen. Wenn nicht anders angegeben, ist ein Pflanzabstand von ungefähr 1 m sinnvoll.

Rosen sind hier nicht nur wegen ihres raschen Wachstums, der tiefen Verwurzelung und der Ausläuferbildung von Bedeutung.

Rosen für die Böschung

Für sonnige Böschungen sehr empfehlenswert ist die Bibernellrose (*Rosa pimpinellifolia*). Die Wildform blüht im Mai verschwenderisch in Weiß mit einem ansprechenden süßwürzigen Duft. Eine Besonderheit sind die schwarzen Hagebutten, die sich im Sommer bilden. Die Bibernellrose treibt viele Ausläufer und verträgt Trockenheit und ist damit auch für den oberen Teil einer Böschung gut geeignet.

Für flächige Pflanzung von Nachteil ist die Wuchshöhe der im Handel üblicherweise angebotenen Bibernellrosen, die durchaus mannshoch werden können. Wer die Möglichkeit hat, sollte deshalb in größeren Stückzahlen niedrige Sorten wie die Kriechende Bibernellrose (*Rosa pimpinellifolia* 'Repens') Ⓢ oder 'Dunwich Rose' pflanzen.

Auch andere heimische Rosen bleiben von Natur aus niedrig. Die Essigrose (*Rosa gallica*) Ⓢ wird höchstens 1 m hoch. Sie hat die größten und leuchtendsten Blüten unserer Wildrosen. Die Farbe reicht von Lichtrot bis Tiefrot. Bemerkenswert ist auch der süße Blütenduft. Die Blütezeit liegt recht spät, in der Regel im Juni. Auch die Essigrose neigt zur Ausläuferbildung. Im Gegensatz zur Bibernellrose, die reinen Sandboden erträgt, fühlt sich die Essigrose eher auf lehmigen Böden wohl.

Die Feldrose (*Rosa arvensis*) hat einen kriechenden Wuchs mit meterlangen, neu wurzelnden Trieben und ist deswegen nur für

Die Essigrose 'Complicata' und begleitende Wildstauden bedecken die Böschung und halten die Erde fest.

größere Flächen geeignet. Im Gegensatz zu den meisten anderen Rosen erträgt sie Schatten und mag keine ausgeprägte Trockenheit. Sie blüht doldig weiß mit Duft (im Juni) und zeitigt kleine rote Hagebutten. Als Bodendecker und Böschungsbefestiger sollte schließlich viel mehr *Rosa* x *polliniana* Ⓝ genutzt werden, der natürliche Bastard zwischen Feld- und Essigrose. Diese Pflanze wächst nicht ganz so langtriebig wie die Feldrose, hat dunkelgrünes, größeres Laub und große duftende Blüten in Blaßrot. Sie kann flächig eingesetzt werden, auch unter leichter Beschattung. Auf ausreichenden Abstand zu Wegen ist besonders zu achten.

Nur wurzelecht!

Bestehen Sie bei allen Rosen auf wurzelechten, das heißt nicht veredelten Pflanzen! Andernfalls wird die Entfernung von Wildtrieben, gerade auf Böschungen, zum Alptraum.

Gehölze für die Böschung

Kärntner Spierstrauch
(*Spiraea decumbens*)

Diese Pflanze ist ein unverwüstlicher kleiner Strauch (bis 30 cm hoch) mit vielen dünnen, drahtartigen Zweigen, hellgrünem Laub und weißen Blütendolden im Juni. Mit seinen Ausläufern bildet der Kärntner Spierstrauch rasch einen dichten Teppich und ist ein sehr gut geeigneter Bodendecker für trockene, kalkhaltige Böden. Pflanzabstand ungefähr 40 cm.

Weiße Waldrebe
(*Clematis vitalba*)

Eigentlich ist die Weiße Waldrebe ein Klettergewächs. Aber auch als Bodendecker und Böschungsbepflanzung für große Flächen ist sie

gut tauglich. Sie erfreut im Hoch- und Spätsommer durch ihre rahmweißen duftenden Blütensterne und danach bis in den Winter durch die großen federigen Fruchtstände. Die Weiße Waldrebe gedeiht auch im Halbschatten.

Edel-Gamander
(*Teucrium chamaedrys*)

Als Spätblüher (bis August) ist der Edel-Gamander eine Bereicherung für den Garten. Mit seinen bescheidenen 25 cm Höhe ist er auch für kleine Flächen geeignet. Seine klei-

Der Kärntner Spierstrauch ist ein fast unverwüstlicher Bodendecker, der sich im Frühsommer mit weißem Blütenschaum überzieht.

nen glänzenden, wintergrünen Blätter (aromatisch!) zieren ebenso wie die roten Blütentrauben. Durch tiefreichende Wurzeln und Ausläuferbildung taugt er hervorragend für Böschungen. Er liebt trockene Kalkböden und erträgt leichte Beschattung. Vorsicht beim Kauf: Im Handel ist unter demselben Namen oft eine eingeführte Zierpflanze.

Weitere bodendeckende Gehölze für Böschungen

Name	Botanischer Name	Blütezeit	Blütenfarbe	Anmerkung
Alpen-Waldrebe	*Clematis alpina*	IV bis V	blau	schattig
Roter Geißklee	*Cytisus purpureus*	IV	lichtrot	kalkliebend
Flügel-Ginster	*Genista sagittalis*	V bis VII	gelb	geeignet für magere, saure Böden; nur 30 cm Pflanzabstand
Kratzbeere	*Rubus caesius*	V bis IX	weiß	blaue Früchte; wuchernd, wichtig für die Tierwelt
Kriechweide	*Salix repens*	IV	gelb bzw. grün	
Asch-Weide 'Böschungsteppich'	*Salix cinerea*	(entsprechend).		

Wiese

Es ist fast tragisch: Viele Menschen beginnen die Verwirklichung ihrer Träume vom naturnahen Garten mit der Anlage einer Blumenwiese, und ausgerechnet dieses Gartenvorhaben ist das schwierigste und erfordert am meisten Vorbedacht und Geduld.

Es geht eben *nicht* so, wie sich das manche denken: Sie gehen in ein Geschäft, kaufen sich eine beliebige Wiesenblumen-Samenmischung, streuen diese aus – und fertig ist die Blumenwiese. Wer diesen Weg beschreitet, wird nach grellbuntem Blumenfeuerwerk im ersten Jahr im zweiten eine bittere Enttäuschung erleben.

Der Weg zu einer ökologisch beständigen Blumenwiese mit ihrem farbigen Reichtum an Pflanzen und Tieren, in der Tat ein Kleinod des Gartens, ist länger und mühevoller. Zunächst gilt es, sorgfältig zu überlegen, wie die in Frage kommenden Gartenflächen genutzt werden sollen. Alle Bereiche, die als Liegefläche, zum ständigen Begehen oder Herumtollen gebraucht werden, scheiden für eine Blumenwiese aus. Hier ist ein regelmäßig gemähter Trittrasen sinnvoller, in dem allerdings auch allerhand Kräutlein geduldet werden sollen. Die Blumenwiese kann zwar gelegentlich kreuz und quer und sonst auf festen Pfaden durchschritten werden, im übrigen aber will sie ihre Ruhe. Bei ausreichend großen Flächen ist es möglich, zum Beispiel den hauswärtigen Teil als Rasen und den hinteren Abschnitt als Blumenwiese zu gestalten.

Von vornherein zu bedenken sind auch die erforderlichen äußeren Gegebenheiten. Wichtig sind magerer Boden (auch sandig, kiesig oder steinig) und eher sonnige Lage. Ist der Boden zu nährstoffreich, kann Sand eingearbeitet werden. Andernfalls besteht die Gefahr, daß in den ersten Jahren einige wenige stickstoffliebende Arten wie der Löwenzahn das Feld beherrschen und die bunte Vielfalt der Wiesenblumen ausbleibt. Mit entsprechender Geduld kann man auch die allmähliche Ausmagerung der Wiese durch Mahd und Entfernung des Mähgutes abwarten. Es ist eigentlich überflüssig, zu unterstreichen, daß auf jeden Fall »Bodenverbesserungen« durch Einarbeitung von Kompost oder Gartenerde unterbleiben müssen.

Die Aussaatmischung kann man sich selbst zusammenstellen aus Grassamen (heimische, eher wuchsschwache Arten) und Samen bestimmter Wildblumenarten. Anregungen für die Artenauswahl folgen. Zwecks gleichmäßiger Aussaat empfiehlt es sich, das Saatgut mit Sand zu mengen. Beste Aus-

Der eher feuchte Wiesentyp ist im städtischen Siedlungsbereich seltener anzutreffen.

saatzeiten sind Frühling nach Frostende und Frühherbst. Bei Trockenheit und Hitze nach der Aussaat muß gewässert werden. Blumen werden vom ersten Jahr an da sein, aber es werden weitere Jahre vergehen, bis sich eine beständige Wiesenblumenvielfalt gebildet hat. Eine Möglichkeit, den Artenreichtum zusätzlich zu fördern oder auch die Umwandlung bereits vorhandener Wiesen voranzutreiben, ist es, Placken von mindestens 1 x 1 m Größe auszustechen und dort fertige Wiesenstauden anzupflanzen (jeweils mehrere von einer Art).

In jedem Falle ist eine Blumenwiese ein wichtiger Gartenbestandteil, sowohl was die Schönheit als auch die Bedeutung für die Umwelt anbelangt. Sie steuert Leben, Farben, Düfte zum Gesamten bei. Viele Kerbtier- und Vogelarten nähren sich auf und von einer solchen Wiese, wenn sie eine ausreichende Größe hat. Oft ist es eine Blumenwiese, die einen naturnahen Garten vollends in eine kleine Landschaft verwandelt.

Im folgenden nur beispielhaft einige geeignete Arten, die sich als Samen oder fertige Stauden ansiedeln lassen.

Wiesen-Salbei (*Salvia pratensis*)

Durch seine auffälligen blauen Blütenähren, die von April bis in den Sommer hinein erscheinen, ist der Wiesen-Salbei wichtig für das Gesamtbild. Er ist eine widerstandsfähige und lebensstarke Staude, die aber Sonne und einen gewissen Kalkgehalt im Boden braucht.

Hornklee (*Lotus corniculatus*)

Der Hornklee ist ein anpassungsfähiger Dauerblüher in sonnigem Gelb. Zierend sind außer den Schmetterlingsblüten, die gern von Kerbtieren besucht werden, auch

Blaue Wiesenblumen gibt es nicht besonders viele. Umso willkommener ist der Wiesen-Salbei.

die dreizähligen Blätter. Außerdem ist er eine wichtige Futterpflanze für die Raupen vieler Falter, unter anderem Bläulings- und Widderchen-Arten.

Echtes Labkraut (*Galium verum*)

Den ganzen Sommer über erfreut das Echte Labkraut mit seinen dichten, zitronengelben und honigduftenden Blütenständen die Sinne. Es neigt zur Ausbreitung durch Ausläufer.

Erdnuß-Platterbse (*Lathyrus tuberosus*)

Eine ungewöhnliche Wiesenblume: Ihre Schmetterlingsblüten im Juni und Juli sind kräftig rosenrot und duften obendrein nach Rosen. Die Erdnuß-Platterbse rankt an anderen Pflanzen hoch und hat eine eßbare Wurzelknolle.

Moschusmalve (*Malva moschata*)

Die Moschusmalve ist eine auffallende und doch anspruchslose Wiesenstaude. Ihre typischen lichtroten Malvenblüten erscheinen in großer Zahl vom Sommer bis zum Frühherbst. Sie sät sich gern selbst aus und bildet bis 60 cm hohe, kleine Büsche.

Blauer Natternkopf (*Echium vulgare*)

Diese Pflanze keimt, wächst und blüht schnell und ist damit in neu angesäten Wiesen oft der erste Blütenschmuck. Er gehört zu den am meisten bewunderten Gewächsen im Naturgarten. Über viele Monate bis zum Herbst entfalten sich seine zahlreichen Blütenwirtel, die sich von Rot in ein tiefes Blau umfärben und von Bienen und Hummeln umschwärmt werden. Da nur zweijährig, ist der Blaue Natternkopf auf Lücken in der Wiese zur weiteren Selbstaussaat angewiesen.

Berg-Aster, Berg-Sternblume (*Aster amellus*)

Die kalk- und sonnenliebende Berg-Sternblume ist einer unserer bedeutendsten heimischen Herbstblüher. Manchmal belebt sie noch bei den ersten Frösten die ansonsten schon winterliche Wiese durch ihre violettblauen Blüten mit gelber Mitte. – Nahe steht ihr die Gold-Aster (*Aster linosyris*), die aber reingelb blüht.

Tauben-Grindkraut, Tauben-Skabiose (*Scabiosa columbaria*)

Bei Faltern beliebt sind die violetten Blüten des Tauben-Grindkrauts. Sie erscheinen von Juni bis Oktober. Auf ausreichend magerem Boden verbreitet sich das Tauben-Grindkraut durch Selbstaussaat. Etwas größer und blaßgelb blühend ist das Gelbe Grindkraut (*Scabiosa ochroleuca*).

Wie oben schon gesagt, ist der langfristige richtige Umgang mit der Wiese entscheidend. Gemäht wird einmal im Jahr im Oktober, bei starkem Wuchs ist eine zusätzliche

Oben: Der Blaue Natternkopf kann große Büsche bilden, die Scharen von Hummeln und Bienen anziehen.
Unten: Die Sternblumen oder Astern sind ein wichtiger Schmuck für die frühherbstliche Blumenwiese.

Weitere Arten für Wiesen

Name	Botanischer Name	Blütezeit	Blütenfarbe
Gemeiner Odermennig	*Agrimonia eupatoria*	VII bis IX	gelb
Genfer Günse	*Ajuga genevensis*	IV bis VI	blau
Gemeine Ochsenzunge	*Anchusa officinalis*	VI bis IX	violett
Astlose Graslilie	*Anthericum liliago*	V bis VII	weiß
Wundklee	*Anthyllis vulneraria*	IV bis VIII	gelb
Sichelblättriges Hasenohr	*Bupleurum falcatum*	VI bis IX	gelb
Knäuel-Glockenblume	*Campanula glomerata*	VI bis IX	blauviolett
Margerite	*Chrysanthemum leucanthemum*	V bis IX	weiß
Stengellose Kratzdistel	*Cirsium acaule*	VII bis IX	purpurrot
Kartäusernelke	*Dianthus carthusianorum*	VI bis IX	purpurrot
Knolliges Mädesüß	*Filipendula vulgaris*	VI bis VII	weiß
Acker-Witwenblume	*Knautia arvensis*	VII bis VIII	violett
Esparsette	*Onobrychis viciifolia*	V bis VII	lichtrot
Dost	*Origanum vulgare*	violettrot	VI bis IX

Für saure Böden eignen sich zum Beispiel Arten von Teufelskralle (*Phyteuma*), Flockenblume (*Centaurea*) und Habichtskraut (*Hieracium*).

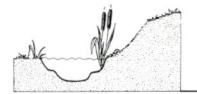

Mahd im Juli möglich. Freilich können wir dazu keinen gewöhnlichen Rasenmäher benutzen. Für überschaubare Flächen empfiehlt sich die Verwendung der Sense, sonst eines hoch einstellbaren Mähers bzw. Balkenmähers. Es kann günstig sein, die Wiese nicht in einem Zug, sondern in Abschnitten (mit 1 bis 3 Wochen Abstand) zu mähen. Das Mähgut muß entfernt werden und kann als Mulchdecke für Gehölzpflanzungen dienen.

Eine echte Wildwiese bleibt im Sommer nicht grün wie ein englischer Rasen, sondern wird fahl. Hier heißt es der Versuchung des Griffs zum Gartenschlauch zu widerstehen. Auch Lücken in der Grasnarbe sind erwünscht und dürfen auf keinen Fall durch Gras-Nachsaat geschlossen werden. Nur eine ausreichend trockene und lückige Wiese bietet vielen bunten Wildblumen die Gelegenheit zur Ausbreitung.

Mit der Zeit werden sich auch neue Blumenarten von selbst ansiedeln und das Bild bereichern. Die Artenzusammensetzung der Wiese verändert sich jedes Jahr, und in jeder Jahreszeit treten andere Blumen in den Vordergrund, so daß sich dem Beobachter eine abwechslungsreiche Vielfalt darbietet.

Als Frühlingsblüher können zusätzlich heimische Blumenzwiebelarten wie Wilde Osterglocke (*Narcissus pseudonarcissus*) und Weißer Safran (*Crocus vernus*) eingebracht werden.

Schuttflora

Nach einem Hausneubau findet sich fast in jedem Garten ein Haufen aus Schutt, Kies oder Steinen. Vor allem wenn diese Stelle einigermaßen sonnig liegt, sollten Sie sie vor Baggern und Schaufeln verteidigen und als Gestaltungsgelegenheit für den naturnahen Garten betrachten. Solche kiesigen oder steinigen Schichten sind nämlich, wenn sie mehr als eine dünne Oberfläche ausmachen, ein Wuchsort für viele sehr schöne Pflanzenarten. Mit geschickter Bepflanzung verwandelt sich ein häßlicher Schutthügel in ein bewundertes Schmuckstück des Gartens. Dieses trägt zu dem Gestaltungsziel bei, im naturnahen Garten ab-

Oben: Rainfarn und Wilde Möhre wuchern auf rohen Böden.
Unten: Für steinige oder schottrige Böden gibt es eine Vielzahl bezaubernder Wildblumen wie den Ährigen Ehrenpreis.

wechslungsreiche kleine Landschaften zu gestalten und von der eintönigen ebenen Aufteilung in Beete wegzukommen. Deshalb sind solche Schuttstellen nicht nur etwas für abgelegene Teile des Gartens, sondern eignen sich durchaus auch für prägende und ansehnliche Gartenbereiche, wie zum Beispiel den Vorgarten.

Die für diesen Zweck geeigneten Pflanzen kommen mit Humusmangel, hoher Sonneneinstrahlung und Trockenheit zurecht.

Rosmarin-Weidenröschen
(Epilobium dodonaei)[F]

Dieses Weidenröschen ist eine prachtvolle Leitstaude für Kieshügel. Seine schmalen Blättchen an den rotbraunen Stengeln haben ihm den Namen gegeben. Sehr ansehnlich sind die großen, lichtroten Blüten, die von Juni bis September erscheinen. Die Pflanze wird bis zu 90 cm hoch.

Ährige Ehrenpreis
(Veronica spicata)

Von Juli bis September blüht diese Pflanze in auffälligen, langen, tiefblauen Trauben. Sie erreicht eine Höhe von 40 cm und wird am besten in größeren Gruppen gepflanzt.

Gewöhnliche Kugelblume
(Globularia punctata)

Die Kugelblumen sind eigentümlich genug, um eine eigene Sippe im Pflanzenreich zu bilden. Unter den Falterarten leben die Grünwidderchen von diesen Gewächsen. Die Gewöhnliche Kugelblume treibt aus einer wintergrünen Blattrosette bis zu 40 cm hohe, beblätterte Stengel, auf denen von April bis Juni die kugeligen blauen Blütenstände erblühen.

Ähnlich, mit späterer Blütezeit, ist die Nacktstengelige Kugelblume (Globularia nudicaulis).

Rosmarin-Seidelbast
(Daphne cneorum)

Im Gegensatz zu den vorigen Gewächsen ist der Rosmarin-Seidelbast ein Strauch, auch wenn er nicht mehr als 40 cm Höhe erreicht. Er ist immergrün und bekommt von April bis Mai duftende, auffallend lichtrote Blütenbüschel, denen bräunliche, giftige Beeren folgen. Der Rosmarin-Seidelbast liebt volles Sonnenlicht.

Berg-Gamander
(Teucrium montanum)

Auch der Berg-Gamander ist ein Zwergstrauch, der in Gruppen gepflanzt werden sollte. Wertvoll ist er als reicher Spätblüher (Juni bis August) in Blaßgelb. Am wohlsten fühlt er sich in besonntem, kalkhaltigem Schotter oder Steinschutt.

Blauer Lattich
(Lactuca perennis)[N]

Die Staude hat tief buchtig gezähnte Blätter und auffallend schöne, blaue bis violette Korbblüten (die denen der Wegwarte ähneln) von Mai bis Juni. Der Blaue Lattich liebt Sonne, Trockenheit und Kalk. Er ist nicht einfach zu bekommen, aber lohnend.

Berg-Drachenkopf
(Dracocephalum ruyschianum)

Dieser wunderschöne Lippenblütler ist in der Natur sehr selten geworden. Den Namen hat er von seinen ungewöhnlich großen blauen Blüten, die er von Juli bis August trägt. Ein naher Verwandter ist der Österreichische Drachenkopf (Dracocephalum austriacum), der von Mai bis Juni violett blüht.

Schließlich besteht noch die Möglichkeit, daß die Schuttstelle mit zahlreichen großen Steinen durchsetzt ist. Man erhält dadurch eine steingartenähnliche Situation, für die viele der eben genannten Gewächse geeignet sind, aber auch etliche weitere, von denen einige nachfolgend genannt seien: Berg-Lauch (Allium montanum, lichtrot; VI bis VIII; zieht Falter an),

Gebirgsbewohner wie der duftende Rosmarin-Seidelbast fühlen sich auf steinigen Böden wohl.

Milchweißer Mannsschild (*Androsace lactea*, weißgelb; VI bis VII),
Französischer Tragant (*Astragalus monspessulanus*, violett; IV bis VIII),
Brillenschötchen (*Biscutella laevigata*, gelb; V bis VII),
Scheidige Kronwicke (*Coronilla vaginalis*, gelb; V bis VI),
Nadel-Johanniskraut (*Hypericum coris*, gelb; V bis VII),
Alpen-Aurikel (*Primula auricula*, gelb; IV bis VI),
Rotes Seifenkraut (*Saponaria ocymoides*, rot; V bis VI),
Eberrauten-Greiskraut (*Senecio abrotanifolius*, dottergelb; VII bis IX) ©,
Strauchiger Ehrenpreis (*Veronica fruticulosa*, lichtrot; V bis VI) ©.

Fast alle der in diesem Abschnitt genannten Stauden vertragen keine Staunässe. Deshalb ist Zurückhaltung auch bei etwaigem Gießen in der Anwachszeit geboten.
Wie schon angedeutet, sollte die schottrige, steinige oder kiesige Schicht möglichst dick sein. Man sollte also das Material eher auf einem Haufen zusammenbringen als verteilen. Trotz allem kann es

geschehen, daß sich zwischen den Schuttpflanzen unerwünschte Beikräuter ansiedeln, die ihre Wurzeln in tiefere Erdschichten treiben und die gepflanzten Gewächse verdrängen. Man wird in diesem Falle um das Jäten nicht immer herumkommen, so daß die Schuttpflanzung mehr Eingriffe als andere Gartenteile erfordert. Es können sich

Der Weiße Mauerpfeffer kann sich gut ausbreiten, wenn ihm die Kargheit des Bodens lästige Mitbewerber vom Leibe hält.

jedoch auch Pflanzen von selbst ansiedeln, die durchaus in die Schuttflora passen. Auch hier werden also Beobachtungsgabe, Fingerspitzengefühl und Duldsamkeit erforderlich sein.

Weitere Arten für kiesige bis schottrige Pflanzbereiche

Name	Botanischer Name	Blütezeit	Blütenfarbe
Filzige Schafgarbe	*Achillea tomentosa*	V bis VII	gelb
Alpen-Leinkraut	*Linaria alpina*	IV bis VIII	blau/kreß (orange)
Österreichischer Lein	*Linum austriacum*	VI	blau
Felsen-Fingerkraut	*Potentilla rupestris*	V bis VI	weiß
Scharfer Mauerpfeffer	*Sedum acre*	VI bis VII	gelb
Weißer Mauerpfeffer	*Sedum album*	VI bis VIII	weiß
Tripmadam	*Sedum reflexum*	VII bis VIII	gelb
Milder Mauerpfeffer	*Sedum sexangulare*	VI bis VII	gelb
Purpur-Fetthenne	*Sedum telephium*	VII bis IX	rot
Aufrechter Ziest	*Stachys recta*	VI bis X	blaßgelb
Quendel-Arten	*Thymus praecox, T. serpyllum, T. pulegioides*	VI bis VIII	lichtrot
Schwalbenwurz	*Vincetoxicum hirundinaria*	V bis VIII	weiß

Feuchtgebiete

Nach einem Bauvorhaben finden sich auf dem Gelände nicht nur Erhöhungen wie Erd- oder Schutthügel, sondern auch Mulden und Rinnen. In manchen dieser Vertiefungen bleibt das Wasser nach Regenfällen lange stehen, was auf verdichteten Boden hindeutet. Auch solche Mulden müssen, wenn sie sich irgendwie in die Anlage einfügen lassen, nicht beseitigt und eingeebnet werden. Sie sind wertvolle Wuchsorte für einmalige Pflanzengemeinschaften, die wiederum bestimmte Tiere anlocken. Solche Feuchtstellen lassen sich eigentlich fast in jeden Zusammenhang einbringen: an Terrassen, in Staudenpflanzungen, in Wiesen, vor Hecken, neben Wegen.

Vor der Bepflanzung einer feuchten Mulde kann diese vorsichtig vertieft werden. Dabei ist darauf zu achten, daß die verdichtete Bodenschicht nicht zerstört wird. Durch Abschrägung benachbarter Bereiche kann der Wasserzulauf begünstigt werden. Sollte im Sommer eine außergewöhnliche Trockenheit auftreten und die Pflanzen auffällig leiden lassen, dann kann ausnahmsweise ein zusätzliches Wässern der Mulde angezeigt sein. Weitergehende praktische Hinweise zu Bau und Bepflanzung von Feuchtbereichen finden Sie in dem Buch »Gartenteich und Bachlauf« von Kohle/Sulzberger, Naturbuch Verlag, Augsburg 1992.

Die Pflanzen, die nachfolgend aufgeführt werden, sind für feuchte Böden und für Uferbepflanzungen verwendbar. Sie sind zu unterscheiden von Wasserpflanzen, die ständig im Wasser stehen müssen.

Echter Eibisch, Heilwurz (*Althaea officinalis*)

Der Eibisch ist eine stattliche Pflanze (bis mannshoch) und ein Blickfang in jedem Garten. Er hat schöne herzförmige bis gelappte Blätter, die samtartig graugrün behaart sind. Seine ansehnlichen, malvenartigen Blüten sind blaßviolett mit dunkleren Staubbeuteln in der Mitte und erscheinen von Juli bis September. Der Eibisch ist eine alte Heil-

Als großer, samtig behaarter Busch ist der Echte Eibisch ein Blickfang in der Feuchtstelle.

pflanze, wie die Beifügung *officinalis* verrät. Seine Wurzeln dienen zu Kaltauszügen gegen Husten und Halsentzündung.

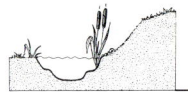

Wasserdost
(*Eupatorium cannabineum*)
Auch der Wasserdost ist eine stattliche Staude, die 1,50 m hoch werden kann. Seine Blätter sind hanfartig geteilt und die fedrigen Blütendolden (Juli bis Sept.) sind blaßrot. Die Blüten des Wasserdosts ziehen Falter und andere Kerbtiere an.

Zottiges Weidenröschen
(*Epilobium hirsutum*)[P]
Ähnliche Ausmaße hat das Zottige Weidenröschen. Seine leuchtendroten Blüten sind zwar nur vierblättrig, haben aber doch etwas von der Schönheit kleiner Wildrosen. Sie zeigen sich den ganzen Sommer über.

Echtes Mädesüß
(*Filipendula ulmaria*)
Das Echte Mädesüß bildet ansehnliche Büsche mit großen gefiederten Blättern. In seinem Namen steckt ein Anklang an »Met«, den Honigwein der Germanen. Das ist treffend, denn die dichten weißen Blütenstände duften in der Tat betörend süß. Sie blühen von Juni bis August.

Tüpfelstern (*Lysimachia punctata*)
Diese Staude wird wegen ihrer prächtigen gelben Blütensterne schon häufig angepflanzt, zum Beispiel in Bauerngärten. Sie blüht von Juni bis August und wird bis zu 1 m hoch. – Der verwandte Gewöhnliche Gilbweiderich (*Lysimachia vulgaris*) möchte noch etwas feuchter stehen. Auch er hat ansehnliche gelbe Blütenstände.

Blaue Himmelsleiter
(*Polemonium caeruleum*)
Dieser bis 80 cm hoch werdenden Staude mit ihren zierlich gefiederten Blättern sieht man geradezu an, daß sie zu einer seltenen Gewächssippe gehört, den Sperrkrautgewächsen. Die Himmelsleiter hat große radförmige, fünfzipfelige Blüten in Himmelblau. Sie blüht von Juni bis August.

Rotes Leimkraut (*Silene dioica*)
Dies ist eine anspruchslose kleine Pflanze, die vom Frühjahr bis zum Herbst mit kräftig roten Blüten erfreut. Sie sollte eher im nicht so nassen Randbereich einer Feuchtstelle angesiedelt werden, und zwar wegen der besseren Wirkung in Gruppen. Das Rote Leimkraut wird gern von Faltern besucht. Ein anderer Name ist Tag-Lichtnelke.

Oben: Honigsüße Duftwolken verbreitet das Echte Mädesüß. Es gehört zu den Feuchtstauden mit großem Raumbedarf.
Rechts: Eine Vielzahl von Stauden wie Blut-Weiderich und Weidenröschen fühlen sich in Feuchtgebieten wohl.
Ganz rechts: Die Blütengestalt des Tüpfelsterns macht seinem Namen alle Ehre.

Gut geeignet für Feuchtbereiche sind die Minzen. Sie blühen von Juli bis September und haben je nach Art quirlige, ährige oder kugelige hellviolette Blütenstände. Es seien genannt die Poleiminze *(Mentha pulegium*, als Bodendecker verwendbar), Ackerminze (*Mentha arvensis*), Roßminze (*Mentha longifolia*) und die Rundblättrige Minze (*Mentha suaveolens*). Die Minzen breiten sich durch Ausläufer aus.

Etwas Besonderes, schwer zu bekommen, aber lohnend, sind die Siegwurz-Arten – unsere heimischen Gladiolen. Sie tragen im Juni oder Juli auffallende rote Blüten übereinander in bis zu zehnblütigen Blütenständen.
Die in Frage kommenden Arten für den Naturgarten sind Sumpf-Siegwurz (*Gladiolus palustris*)Ⓦ, Dachziegelige Siegwurz (*Gladiolus imbricatus*) und Illyrische Siegwurz (*Gladiolus illyricus*)Ⓦ

Weitere Arten für Feuchtbereiche

Name	Botanischer Name	Blütezeit	Blütenfarbe
Wald-Engelwurz	*Angelica sylvestris*	VII bis VIII	weiß
Kletten-DistelⒽ	*Carduus personata*	VII bis VIII	violettrot
Verschiedenblättrige Kratzdistel Ⓗ	*Cirsium heterophyllum*	VII bis VIII	violett
KohldistelⒽ	*Cirsium oleraceum*	VII bis IX	blaßgelb
Schachblume	*Fritillaria meleagris*	IV bis V	rotbraun
GeißrauteⒻ	*Galega officinalis*	VI bis VIII	hellviolett
Sumpf-Storchschnabel	*Geranium palustre*	VI bis IX	rot
Bastard-Schwertel	*Iris spuria*	V bis VI	violettgelb
Kuckucks-Lichtnelke	*Lychnis flos-cuculi*	V bis VII	lichtrot
Färberscharte	*Serratula tinctoria*	VII bis IX	violett
Gewöhnlicher Beinwell	*Symphytum officinale*	V bis VII	violett oder weiß in vielen Zwischentönen
Gemeiner Teufelsabbiß	*Succisa pratensis*	VII bis IX	blau
Trollblume	*Trollius europaeus*	V bis VI	gelb
Echter Baldrian	*Valeriana officinalis*	VI bis VIII	blaßrot
Sumpf-Baldrian	*Valeriana dioica*	V bis VI	blaßrot bis weiß
Hohes VeilchenⓃ	*Viola elatior*	V bis VII	blau

Pflanzengruppen
von besonderem Wert

Rosen – von Duft, Zauber und Vielfalt der Wildarten

Mancher Naturgartenfreund hat zu Rosen ein gespanntes Verhältnis. Wenn er »Rosen« hört, denkt er an pflegebedürftige, krankheitsanfällige, staksige Pflanzen, die etwas künstlich aussehende Blüten in Bonbonfarben tragen. Es braucht kaum erwähnt zu werden, daß *diese* Rosen für den naturnahen Garten nicht in Frage kommen. Ihr Stammbaum führt überwiegend nach Ost- und Südasien, und an ihnen wurde in den letzten hundert Jahren unermüdlich gezüchtet. Sie wollen deshalb nicht so recht in unser Klima passen, was sich in Frostempfindlichkeit zeigt, sind oft anfällig und haben das natürliche Größenverhältnis zwischen Zweigen, Blättern, Blüten und Früchten verloren. Da sie bis in den späten Herbst blühen, stören sie überdies mit ihren manchmal aufdringlichen Blütenfarben das Farbenspiel des herbstlichen Naturgartens.

Trotz allem ist die Rose auch im naturnahen Garten die »Königin der Blumen«. Was viele nämlich nicht wissen: Vor dem Siegeszug der exotischen Gartenrosen, der Ende des 19. Jahrhunderts begann, gab es eine große Fülle in Europa heimischer Rosensorten. Diese sind zum großen Teil für den naturnahen Garten wie geschaffen. Sie sehen noch aus wie richtige Sträucher und Büsche und wirken nicht nur durch die Blüte, sondern auch durch Wuchsgestalt, Laub, Rinde und Hagebutten. Viele haben einen ausgezeichneten Duft. Laub, Blüten und Früchte sind Anziehungspunkte für die Tierwelt. Nicht zuletzt: Sie brauchen nicht die aufwendige Pflege der Exoten. Frost, Krankheiten und Schädlinge können ihnen nicht viel anhaben (freilich gibt es auch aus

älteren Zeiten überzüchtete, anfällige Rosen; die werden hier aber nicht berücksichtigt).

Viele hundert Sorten dieser Rosen gab es einmal. Ihre Wiederentdeckung hat erst begonnen. Farbe und Gestalt ihrer Blüten erinnern entweder an die Gemälde alter Meister oder an Waldesrand und Feldrain. Grob können wir drei große Gruppen dieser Rosen unterscheiden:
– die heimischen Wildrosenarten, wie sie in Mitteleuropa wild vorkommen,
– die Bastarde (Hybriden) zwischen diesen Arten (entweder schon in der Natur vorkommend oder durch absichtliche Kreuzung entstanden),
– Gartensorten der Gruppen 1 und 2.

»Gartensorten« ist kein wissenschaftlicher Begriff und faßt natürliche Spielarten (Varietäten), gärtnerische Auslesen und züchterisch beeinflußte Formen der heimischen Arten und Hybriden zusammen.

Ein Beispiel: Von der Wildrose *Rosa gallica* (Essigrose)© gibt es Bastarde mit der Feldrose, der Filzrose und vielen anderen, und es gibt oder gab mehrere hundert Gartensorten, bei denen allerdings der Einfluß anderer Arten nicht immer auszuschließen ist. Ein Beispiel für eine »Sorte« ist die berühmte, schon im Mittelalter angepflanzte Apothekerrose (*Rosa gallica* 'Officinalis').

Mit heimischen Rosen holen Sie sich also nicht nur Duft und Farbe, sondern auch Geschichte in den Garten. Die Sorten sind manchmal viele hundert Jahre alt und haben schon Burg- und Klostergärten geschmückt.

Wildrosensträucher sind Lebensraum für viele Tierarten.

Die seltene Keilblättrige Rose (rechts) wirkt durch das Farbenspiel ihrer Blätter und Zweige und den Duft ihrer Blattdrüsen.

Rosen für Wildhecken

Nun zu den Verwendungsmöglichkeiten dieser Rosen im Garten. Viele von ihnen werden mannshoch und eignen sich gut für die Einbringung in höhere Hecken. Das gilt namentlich für die meisten Wildrosenarten. Leider werden Kunden, die Wildrosen möchten, in Baumschulen oft asiatische oder amerikanische Arten angeboten, wie zum Beispiel die Runzelrose (R. rugosa), die Büschelrose (R. multiflora) oder die Glanzrose (R. nitida). Die heimische Rosenflora ist jedoch so groß und vielfältig, daß wir auf solche Arten verzichten können.

Wir wollen uns nun einen Überblick über unsere mitteleuropäischen Wildrosen mit Heckeneignung verschaffen, wobei wir nicht ohne das eine oder andere Fachwort auskommen.

Auf einen »Nachteil« der heimischen Rosen muß noch eingegangen werden: Sie sind keine Dauerblüher, sondern blühen meistens nur wenige Wochen im Frühjahr oder Frühsommer. Dazu geben wir nur drei Dinge zu bedenken:

* Wie schon gesagt, wirken diese Rosen auch durch ihr Laub und ihre Hagebutten. Der Fruchtschmuck ist bei vielen Wildrosen noch beeindruckender und länger anhaltend als die Blüte.
* Bei Pflanzung verschiedener Arten läßt sich eine Gesamt-Blütezeit von ungefähr einem Vierteljahr erzielen, von Anfang Mai bis Ende Juli.
* Manche heimische Rosen blühen sogar im Spätsommer oder Herbst noch etwas nach, vor allem die Bibernellrose (Rosa pimpinellifolia) und ihre Sorten.

Zimtrose (R. majalis) ⑤ⓒ und Alpen-Heckenrose (R. pendulina) Ⓐⓒ zeichnen sich durch lebhafte Rottöne, Stachelarmut und leuchtendrote Hagebutten in Kugel- oder Flaschenform aus. Die Zimtrose hat Blüten mit parfümartigem Duft (allerdings nicht nach Zimt) und sich im Herbst rotfärbende Zweige.

Heckengeeignete mitteleuropäische Wildrosen

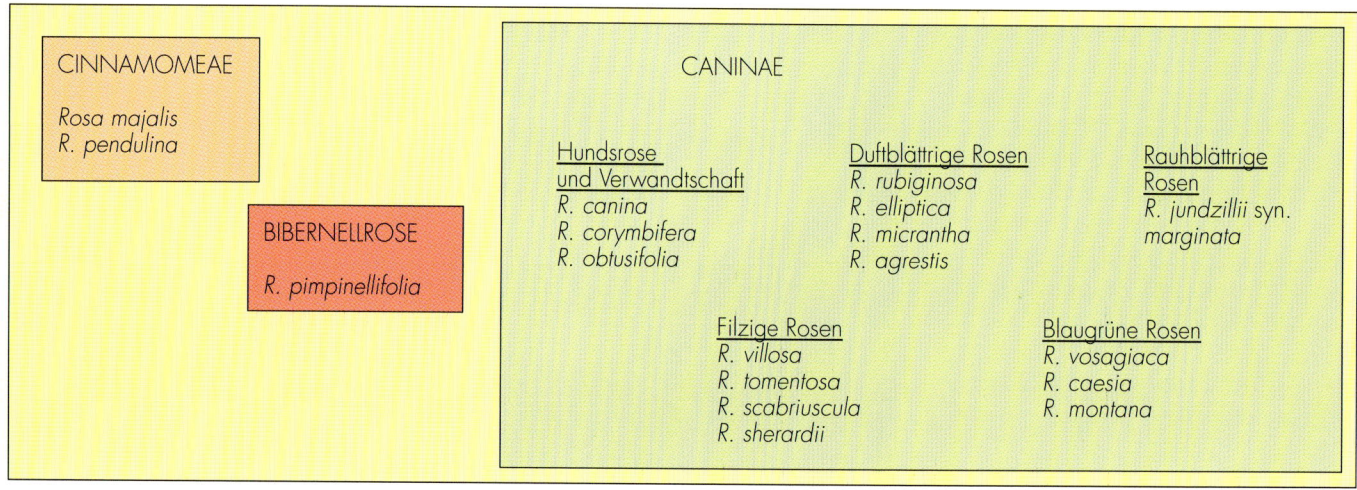

CINNAMOMEAE

Rosa majalis
R. pendulina

BIBERNELLROSE

R. pimpinellifolia

CANINAE

Hundsrose
und Verwandtschaft
R. canina
R. corymbifera
R. obtusifolia

Duftblättrige Rosen
R. rubiginosa
R. elliptica
R. micrantha
R. agrestis

Rauhblättrige
Rosen
R. jundzillii syn.
marginata

Filzige Rosen
R. villosa
R. tomentosa
R. scabriuscula
R. sherardii

Blaugrüne Rosen
R. vosagiaca
R. caesia
R. montana

Sie gedeiht am Gewässerrand
ebenso wie an trockenen Stellen.
Die Alpen-Heckenrose hat unbesta-
chelte Blütentriebe und eignet sich
deshalb auch für die Umgebung
von Kinderspielplätzen. Sie gedeiht,
eine Ausnahme unter den Rosen,
auch im Schatten unter Bäumen.
Die **Bibernellrose** (*R. pimpinellifolia*)
wird nicht ganz so hoch und erfreut
mit duftenden weißen Blüten und
schwarzen Hagebutten. Im Gegensatz zu den vorgenannten Rosen ist
sie sehr lichtbedürftig und kann bei
hohen Hecken deshalb nur am
Rand eingebracht werden.
Bemerkenswert aus der großen
Verwandtschaft der Hundsrose
(*R. canina*), den Caninae, ist die
Buschrose (*R. corymbifera*)Ⓝ mit
ihren meist weißen Blüten. Sehr nahe
steht *R. obtusifolia* syn. *tomentella*.
Die **filzigen Rosen** haben samtig
behaarte, verhältnismäßig große
Blätter, die oft graugrün gefärbt und
besonders zierend sind. Hierzu
gehören die Apfelrose (*R. villosa*)
ⓃⒸ mit schönen, hellroten Blüten
und besonders großen, tiefroten
Hagebutten, die früher als Obst
genutzt wurden, sowie die Filzrose
(*R. tomentosa*), die Kratzrose (*R.
scabriuscula*)ⓃⒸ und die Sammet-
rose (*R. sherardii* syn. *omissa*)ⓃⒸ
Eine sinnesfreundliche Besonderheit der **duftblättrigen Rosen** sind
ihre Duftdrüsen auf der Unterseite
der Blätter. Man erzeugt den Duft
durch Reiben an den Blättern; er
ist je nach Witterung und Art aber
auch in der Luft wahrnehmbar. Jede
Art hat ihre eigene Duftnote, von
apfelartig über weinig bis frisch-

harzig. Es gehören dazu: Weinrose
(*R. rubiginosa*), Keilblättrige Rose
(*R. elliptica*)Ⓒ, Kleinblütige Rose (*R.
micrantha*) und Ackerrose (*R. agrestis*). Die Ackerrose hat oft besonders lange, schmale Blättchen und
blasse bis weiße Blüten, die Keilblättrige Rose besitzt vor allem im
Frühling einen leichten, goldgrün-
roten Farbschimmer (Laub und
Zweige).
Die **blaugrünen Rosen** haben mehr
oder minder bläuliches Laub und
oft lebhaft rosenrote Blüten.
Zu ihnen gehören die Schuttrose
(*R. vosagiaca*)Ⓒ, die Lederrose
(*R. caesia*) und die Bergrose (*R. mon-

tana*). Letztere hat auffallend drü-
senborstige Hagebutten.
Die **Rauhblättrige Rose** (*R. jundzillii*
syn. *marginata*) bildet mit ihren
großen Blättern und großen, kräftig
lichtroten Blüten einen Übergang
zur Essigrose.
Auch etliche Gartensorten und
Bastarde sind heckengeeignet:
Im nichtblühenden Zustand ist das
Mairöschen (*R. majalis* 'Foecundissi-
ma') nicht von seiner Stammart, der
Zimtrose, zu unterscheiden. Die Blüten aber sind schön seidel (*lilarosa*),
klein, gefüllt und süß duftend. Das
Vorhandensein des Mairöschens ist
seit dem 16. Jahrhundert belegt.

Links: Die blaurötlich belaubte Hechtrose ziert auch außerhalb der Blütezeit.
Rechts: Die samtrote Essigrose 'Tuscany' ist seit vielen hundert Jahren bekannt.

Seine haltbaren Blüten wurden mitunter als Broschen getragen. Die Bibernellrose 'Glory of Edzell' (*R. pimpinellifolia*)ⓈⒸ wird höher als die anderen Bibernellrosen und ist deshalb hier einzureihen. Ihre ab Anfang Mai erscheinenden, einfachen lichtroten Blüten mit weißer Mitte sind von ungewöhnlicher Leuchtkraft. 'Glory of Edzell' besitzt den Duft und das zierliche Laub der Bibernellrosen.

Weitere hohe Rosensträucher:
Rosa x *hibernica* (einfache blaßrote Blüten, die an Porzellan erinnern, lange Blütezeit; Bastard von Hunds- und Bibernellrose)Ⓒ,
Gefüllte Apfelrose (*R. villosa* 'Duplex', mit halbgefüllten, tief lichtroten Blüten)Ⓒ,
Zweifarbige Weinrose (*R. rubiginosa* 'Lord Penzance', Blüten zweifarbig, blaßrot-gelb, Hagebutten und duftendes Laub wie Weinrose)Ⓒ,
Frankfurter Rose (*R.* x *francofurtana*, stachelarm; Blüten einfach, tiefrot; wohlgestaltete lackrote Hagebutten)Ⓒ,
Essigrose 'Violacea' (*R. gallica* 'Violacea', einfache, dunkelrote Blüten, die sich violett verfärben, duftend; größer als sonst Essigrosen)ⓈⒸ.

Alle bisher genannten Rosen lassen sich auch als Einzelsträucher oder freistehende Strauchgruppen verwenden. Besonders gut kommen dabei die letztgenannten Gartenrosen zur Geltung.
Einzeln oder zu dreien gepflanzt, ist auch die Hechtrose (*R. glauca* syn. *rubrifolia*) ein Schmuckstück des Gartens. Ausgewachsen bildet sie bis zu 3 m hohe Bäumchen mit blaurot schimmerndem Laub, kleinen, leuchtend lichtroten Blüten und Büscheln von johannisbeerroten Hagebutten. Bei bestimmtem morgendlichen oder abendlichen Sonnenstand kann die Farbwirkung unvergleichlich sein.

Rosen mit niedrigem Wuchs

Viel zu wenig ist bekannt, daß die heimischen Rosenarten neben ausgesprochen strauchigen Sorten auch solche mit niedriger, buschiger Gestalt liefern. Diese lassen sich gut in Verbindung mit Stauden, als niedrige Hecken oder an Terrassen und Eingängen pflanzen. Auch für die vorderste Reihe mehrreihiger Hecken sind sie verwendbar.
Die hierfür in Frage kommenden Rosen sind im wesentlichen die Essigrose und ihre Sorten sowie die Sorten der Bibernellrose. Zwei Sorten seien stellvertretend vorgestellt: Die Essigrose (*R. gallica*) 'Tuscany'Ⓒ vereinigt viele Vorzüge der sogenannten Alten Rosen, nämlich außergewöhnliche Schönheit, Duft und Geschichte. Ihre halbgefüllten Blüten, die die goldgelben Staubgefäße erkennen lassen, sind dunkelviolett, was ihr in Deutschland den Namen »Schwarze Samtrose« einbrachte. Der Busch wird bis

1,50 m hoch und schmückt sich ab Spätsommer mit kugeligen Hagebutten. 'Tuscany' ist eine der ältesten Gartenrosen überhaupt. Ihre Spuren verlieren sich in grauer Vorzeit.

Die Rote Bibernellrose (*R. pimpinellifolia* 'Single Red')©© zeigt in Laub, Duft und schwarzer Hagebuttenfarbe ein typisches Erscheinungsbild. Ihre Blüten entlocken oft Bewunderung: Die Innenseite der einfachen Blumen ist von tiefem Rot, das sich von den kräftig gelben Staubgefäßen abhebt, die Außenseite rötlichweiß. Die Rose blüht im Mai in verschwenderischer Fülle, mit einer bescheidenen Nachblüte im Spätsommer. Wie alle Bibernellrosen treibt sie gern Ausläufer und ist deshalb auch zur Bodenfestigung gut geeignet.

Rosen, die klettern können

Zum Glück gibt es unter den heimischen Wildrosen auch eine Kletterrose, nämlich die Feldrose (*R. arvensis*). Sie besitzt weiße, duftende Blüten, denen kleine, lebhaft rote Hagebutten folgen, und ist sehr starkwüchsig. Sie bildet Triebe von bis zu 4 m Länge und kann deshalb auch größere Flächen bedecken.

Die Feldrose verträgt Schatten. Wenn sie nicht feucht genug steht, ist sie etwas anfällig gegen Mehltau, der ihr aber nicht wesentlich schadet; als Wildpflanze ist sie eben widerstandskräftig.

Von der Feldrose gibt es auch Sorten, die aber nicht leicht zu bekommen sind. Zu erwähnen sind 'Arvensis Splendens' (blaßrot, halbgefüllt, myrrheduftend) und 'Arvensis Plena' (weiß, halbgefüllt). Siehe auch Seite 47.

Rosa x *polliniana* Ⓝⓒ ist ein natürlicher Bastard der Feldrose mit der Essigrose. Er ist nicht ganz so langtriebig wie jene, hat größere, blaßrote Blüten, bildet aber fast keine Hagebutten. Auch als Bodendecker ist *Rosa* x *polliniana* hervorragend geeignet.

Teilweise lassen sich auch andere Rosen als Kletterpflanzen verwenden, so zum Beispiel *Rosa gallica* 'Complicata', die schön in Bäume klettern kann.

Die Feldrose ist ein eifriger Kletterer. Ebenso wie an Klettergerüsten kann sie auch in Bäumen emporklimmen.

Weitere niedrig-buschige Sorten

Name	Botanischer Name	Blütenfarbe
Gelbe Bibernellrose©	*R. pimpinellifolia* 'Lutea'	gelb
Bibernellrose© 'William III'	*R. pimpinellifolia* 'William III'	purpur, halbgefüllt
Bibernellrose© 'Staffa'	*R. pimpinellifolia* 'Staffa'	rötlichweiß, gefüllt
Essigrose⑤© 'Complicata'	*R. gallica* 'Complicata'	lichtrot, einfach, groß
Apothekerrose⑤© 'Officinalis'	*R. gallica* 'Officinalis'	rot, halbgefüllt, gut duftend
Essigrose⑤© 'Sissinghurst Castle'	*R. gallica* 'Sissinghurst Castle'	purpurrot, halbgefüllt

Artgerechte Pflege für die wilden Rosen

Die obigen Beispiele machen deutlich, daß es für jeden Zweck im Garten eine geeignete heimische Rose gibt. Diese Arten und Sorten fügen sich hervorragend in den naturnahen Garten ein. Es ist ein besonderes Erlebnis, einmal das Tierleben an einer blühenden Wildrose zu beobachten. Etwa hundert Kerbtierarten leben von der Wildrose, und die Hagebutten sind wichtige Vogelnahrung im Winter.

Die meisten Rosenarten lieben sonnigen Standort und kalkhaltigen Boden. Schattenverträglich ist zum Beispiel die Alpen-Heckenrose (*R. pendulina*). Sie erträgt auch saure Böden, ebenso wie die Hundsrose (*R. canina*).

Die heimischen Rosen kommen ohne Dünge- und Spritzmittel aus. Allenfalls kann der Erde Gesteinsmehl beigegeben werden.

An Pilzkrankheiten kann außer dem genannten Mehltau höchstens gelegentlich Rosenrost auftreten, aber auch der stellt keine große Gefahr dar. Der bei den üblichen Gartenrosen besonders gefürchtete Sternrußtau tritt bei den heimischen Rosen eigentlich nie auf, zumal, wenn keine der anfälligen herkömmlichen Rosen in der Nähe sind.

Der von den Zucht-Gartenrosen gewohnte Rückschnitt muß hier unterbleiben. Führt man ihn doch durch, brächte man sich um die Pracht der Blüte, denn die heimischen Rosen blühen im Gegensatz zu den exotischen Zuchtformen am vorjährigen Holz. Außerdem ist ja erwünscht, daß der Strauch seine wesenseigene Wuchsgestalt entwickelt. Sind doch gewisse Schnittmaßnahmen erforderlich, zum Beispiel bei einer einen Baum zu stark überwuchernden Feldrose, dann sollten sie unmittelbar nach der Blüte erfolgen und sich auf das Notwendige beschränken.

Ein leidiges Fragstück muß noch erwähnt werden: Leider haben sich die Rosenschulen angewöhnt, die angebotenen Rosen auf fremde Unterlage zu »veredeln«. Diese »Damen ohne Unterleib« sind für den naturnahen Garten ungeeignet, einmal mit Rücksicht auf die Würde der Pflanze, weiters aber auch, weil die Unterlage (irgendein Wildrosenstock) die Eigenschaften der Pflanze verändert und dem Gartenbesitzer durch Bildung von »Wildtrieben« Mühe und Ärger bereitet. Achten Sie deshalb beim Kauf auf »wurzelechte« Ware! Betriebe, die solche anbieten, finden Sie im Anhang.

Wildrosenhecken sind wirkungsvoller als jeder Zaun. Die Weinrose mit ihrem duftenden Laub ist für diesen Zweck besonders geeignet.

Duftpflanzen

Wie wir gesehen haben, sind zahlreiche heimische Pflanzen als Duftpflanzen zu bezeichnen, sei es wegen ihrer Blätter oder ihrer Blüten. Besonders sei noch einmal auf die unter den Sträuchern behandelten Duftgehölze und auf die Rosen verwiesen. Die Anpflanzung von Duftgewächsen im Garten bietet sich an neben Terrassen, Sitzplätzen und Wegen. Eine Besonderheit ist die Anlage eines richtigen Duftbeetes, auf dem ausschließlich Duftpflanzen stehen. Ein solches Duftbeet sollte immer sonnig liegen und selbstverständlich gut zugänglich sein. Ein gewisser Kalkgehalt des Bodens empfiehlt sich. Das Duftbeet kann zum Anziehungspunkt für Kinder und ein biologischer und ökologischer Lernort werden.

Leitpflanzen für das Duftbeet

Als Schwerpunkt und Blickfang des Duftbeetes eignet sich eine buschig wachsende Rose, etwa eine Sorte der Essigrose (*R. gallica*) oder der Bibernellrose (*R. pimpinellifolia*). Für diesen besonderen Zweck können wir aber auch eine Zentifolie (*R. centifolia*; sehr schön zum Beispiel die Sorte 'Unique Blanche') oder auch eine Damaszenerrose (*R. x damascena*) verwenden, die zwar nur zum Teil von heimischen Rosenarten abstammen, aber jahrhundertealte Gartenpflanzen sind. Besonders hingewiesen sei auf 'Stanwell Perpetual', eine Kreuzung von Bibernell- und Damaszenerrose. Beim Fenchel (*Foeniculum vulgare*) sind es vor allem die Blätter, die duften. Er entwickelt sich zu einer stattlichen Pflanze von Mannshöhe und bringt im Hoch- und Spätsommer gelbe Blütendolden hervor,

Die Damaszenerrose ist eine alte Gartenpflanze und die Lieferantin des kostbaren duftenden Rosenöls.

aus denen sich die für Tee verwendbaren Samen entwickeln. Der Fenchel bietet immer einen heiteren Anblick, schon durch seine außergewöhnlich feingliedrigen lichtgrünen Blätter.

Der Blattduft der Katzenminze (*Nepeta cataria*) ist ein wenig streng und nicht jedermanns Sache. Dafür zieht er, der Name sagt es schon, zauberisch die Katzen an.

Außerdem ist die Katzenminze wichtig für Kerbtiere. Sie wird gut einen Meter hoch und bekommt im Sommer kleine, weiße, rotgetupfte Blüten.

Weitere duftende Leitstauden

Name	Botanischer Name	Blütezeit	Blütenfarbe
Schellenblume	*Adenophora liliifolia*	VII bis IX	violett
Wohlriechender Odermennig	*Agrimonia procera*	siehe S. 40	
Eberraute	*Artemisia abrotanum*	siehe S. 32	
Kampferwermut	*Artemisia alba*	siehe S. 32	
Spechtwurz	*Dictamnus albus*	siehe S. 33	
Ysop	*Hyssopus officinalis*	siehe S. 32	
Süßdolde	*Myrrhis odorata*	V bis VII	weiß
Weinraute	*Ruta graveolens*	siehe S. 32	

Links: Ganz anders als die gezüchteten Gartentulpen ist die Wilde oder Weinbergs-Tulpe eine echte Duftpflanze.
Rechts: Stark duftend und feuchtigkeits-liebend sind die Minzen.

Begleitstauden für das Duftbeet

Die Pfingstnelke (*Dianthus gratiano-politanus*) bildet niedrige Polster und ist deswegen gut als Boden-decker einzusetzen. Die hellroten, duftenden Blüten erscheinen im Mai und Juni. Die Pfingstnelke ist eine in der Natur bedrohte Pflanze und liebt steinigen Boden.

Auch bei den Zwiebelblumen gibt es genug heimische Wildarten. Die Wilde Tulpe (*Tulipa silvestris*) ist ein gutes Beispiel dafür. Schon im zeitigen Frühjahr sprießen ihre länglichen Blätter mit kapuzenarti-gen Zipfeln aus dem Boden. Im April folgen die auffallenden gelben Blüten, die sich im Gegensatz zu den üblichen Gartentulpen schalen-förmig öffnen und süß duften. Lei-der erweist sich diese Tulpenart manchmal als etwas blühfaul. Bekannte Duftpflanzen mit flieder-farbenen Blüten im Sommer sind die Minzen. Die einzelnen Arten entfalten unterschiedliche Duftno-ten. Am angenehmsten riechen Pfefferminze (*Mentha* x *piperita*) und Duft-Minze (*Mentha suaveolens*) ⑧ mit ihren Sorten.

Auch auf trockenen Böden braucht man des Minzenduftes nicht zu ent-raten, denn hierfür gibt es die Berg-minzen (*Calamintha*). Stellvertre-tend seien genannt:
Wald-Bergminze (*Calamintha silvati-ca*, VII bis IX; violett; liebt Halb-schatten)
Alpen-Steinquendel (*Calamintha alpina*, VI bis IX; violett). Die Berg-minzen erfreuen auch durch eine lange Blütezeit.

Von den Blüten mancher Schwarz-wurzel-Arten wird behauptet, sie dufteten nach Schokolade. Dies gilt für die Garten-Schwarzwurzel (*Scorzonera hispanica*, VI bis VIII; gelb) und die Rote Schwarzwurzel (*Scorzonera purpurea*, V bis VI; blaßrot).

Weitere Duftpflanzen

Name	Botanischer Name	Blütezeit	Blütenfarbe	Anmerkung
Berg-Wohlverleih	*Arnica montana*	VI bis VIII	gelb	saure Böden
Knolliges Mädesüß	*Filipendula vulgaris*	VI bis VII	weiß	Honigduft
Echtes Labkraut	*Galium verum*	VI bis IX	gelb	Honigduft
Gras-Schwertel Ⓝ	*Iris graminea*	VI	violett	Blüten sollen nach Pflaumen oder Aprikosen duften
Erdnuß-Platterbse Ⓝ	*Lathyrus tuberosus*	VI bis VIII	rot	Rosenduft
Echte Schlüsselblume	*Primula veris*	IV bis V	gelb	wichtiger Frühblüher
Wohlriechendes Grindkraut	*Scabiosa canescens*	VII bis X	blau	liebt Trockenheit
Zitronen-Quendel	*Thymus* x *citriodorus*	blaßrot	VI bis VII	alte Garten-pflanze
Für Schatten noch: Maiglöckchen Duftveilchen	*Convallaria majalis* *Viola odorata*	V bis VI III bis IV	weiß violett	

Disteln – verkannte Schönheiten

Manchmal, wenn Zeitgenossen sich über einen naturnahen Garten aufregen, der ihnen zu unordentlich ist, belegen sie ihn in höchster Erregung mit dem Ausdruck »Distelgarten«. Ein verständiger Naturgärtner wird dieses Wort aber durchaus nicht als Beleidigung empfinden, denn er weiß die Disteln zu schätzen.

Unter »Distel« versteht die deutsche Sprache eine ganze Reihe reizvoller Pflanzenarten, die gewächskundlich gesehen zum Teil völlig verschiedenen Gattungen angehören. Von diesen zahlreichen Arten hat nur eine einzige die ganze Gruppe in Verruf gebracht, nämlich die Acker-Kratzdistel (*Cirsium arvense*). Diese ist ein lästiges Wurzelunkraut und wird mit Recht eingedämmt. Man sollte lernen, sie genau zu erkennen, damit man keine anderen Distelarten entfernt. Diese sind nämlich samt und sonders unbedenklich und immer eine Bereicherung für den naturnahen Garten.

Ein Naturgartenbesitzer hat einmal aufgrund seiner Beobachtungen den treffenden Satz geprägt »Jede Distel ist ein kleines Biotop«. In der Tat sind die Disteln vielleicht die wertvollsten Pflanzen für das Kleintierleben im Garten. Von den Blüten und Blättern leben unzählige Kerbtiere, vor allem Falter. Stellvertretend seien hier nur Distelfalter, Scheckenfalter und Widderchen genannt. Die Blüten sind so reich an Nektar, daß auch die menschliche Nase deutlich den süßen Honigduft wahrnehmen kann. In kaum einem Augenblick ist eine Distelblüte unbesucht. Manchmal sitzen bis zu einem halben Dutzend Falter auf einer Blume.

Wenn sich aus den Blüten die silbrigweißen Samenbüschel ent-

wickelt haben, werden Vögel angezogen, vor allem der bunte Distelfink.

Viele Disteln entwickeln innerhalb kurzer Zeit stattliche und doch feingliedrige Pflanzengestalten. Die Blüten bieten ein wahres Feuerwerk der Farben: Purpur herrscht vor, in Abschattungen zwischen Rot und Blauviolett. Dazu kommen Gelb, Blau und als Besonderheit im Pflanzenreich Gold und Silber.

Die Farben begegnen uns bei der Golddistel (*Carlina vulgaris*, VII bis IX; zweijährig)◎ und der Silberdistel (*Carlina acaulis*, VII bis IX). Letztere wird auch Wetterdistel genannt, weil das Schließen ihrer bis zu 6 cm breiten Blüten Regen ankündigt.

Die Blütenfarbe Blau steuern die Kugeldisteln (*Echinops*) und Donardisteln (*Eryngium*) bei. Besonders schön blau sind die kugeligen Blütenstände von *Echinops ritro* (VII bis X). Sie werden gern von Bienen auf-

Jede Distel ist ein kleines Biotop. Vor allem bunte Falter tummeln sich scharenweise auf den nektarreichen Blüten.

gesucht. Die Gattung *Eryngium* gehört zu den Doldenblütlern und zieht dementsprechend ganz andere Kerbtiere an.

Blaue Blüten und Hüllblätter haben die Flachblättrige Mannstreu oder Donardistel (*Eryngium planum*) und die Alpen-Mannstreu (*Eryngium alpinum*). Zusätzlich sind die Stengel stahlblau überlaufen. Die häufigere Feld-Mannstreu (*Eryngium campestre*) hat weißlichgrüne Blüten. Wie die meisten Disteln sind die Mannstreue sommerblühend.

Ein Prachtstück unter den Disteln mit sonnigem Standort ist schließlich die silbergraue Eselsdistel (*Onopordum acanthium*, purpur; VII bis IX; zweijährig). Sie verzweigt sich und kann eine Höhe von 3 m erreichen. Der Vollständigkeit halber seien noch die zweijährigen

Links: Die Alpen-Mannstreu ist eigentlich ein Doldenblütler.
Rechts: Die Nickende Distel mit ihren duftenden Purpurquasten ist die Schönheitskönigin in ihrer Gattung.

Weberdisteln oder Karden (*Dipsacus*) genannt mit ihren ringförmig aufblühenden Blütenköpfen.
Die Disteln lassen sich insgesamt gut in Staudenpflanzungen einbringen, die schattenliebenden auch an Gehölzrändern.
Ein Teil ist zweijährig; diese Gewächse bilden im ersten Jahr nur eine Blattrosette am Boden, im zweiten Jahr treiben sie dann den Stengel, der im Sommer zur Blüte kommt. Danach stirbt die Pflanze ab (natürlich trotzdem stehen lassen!). Diese Disteln säen sich aber aus. Vorsicht ist geboten, damit nicht die Blattrosetten der Sämlinge versehentlich entfernt werden. Das ist auch deshalb ratsam, weil zudem schöne Disteln von außen zuwandern können.

Weitere Distelarten

Name	Botanischer Name	Blütezeit	Blütenfarbe	Anmerkung
sonniger Standort:				
Nickende Distel ⊕	*Carduus nutans*	V bis IX	rotviolett	zweijährig
Alpen-Distel	*Carduus defloratus*	VI bis VIII	rotviolett	
Wollköpfige Kratzdistel ⊕⊕	*Cirsium eriophorum*	VI bis IX	violett	zweijährig
Echte Kratzdistel	*Cirsium vulgare*	VII bis IX	violett	
Stengellose Kratzdistel	*Cirsium acaule*	VII bis IX	rotviolett	sonnig; niedrig
eher feuchter und schattiger Standort:				
Knollige Kratzdistel	*Cirsium tuberosum*	VII bis VIII	rotviolett	anpassungsfähig
Berg- oder Kletten-Distel ⊕	*Carduus personata*	VII bis VIII	violett	prächtige Staude
Verschiedenblättrige Kratzdistel ⊕	*Cirsium heterophyllum*	VII bis VIII	violett	große, weiche Blätter
Kohldistel ⊕	*Cirsium oleraceum*	VII bis IX	hellgelb	halbschattig
Klebrige Kratzdistel ⊕	*Cirsium erisithales*	VII bis VIII	hellgelb	halbschattig, kalkhaltig
Kärntner Kratzdistel ⊕	*Cirsium carniolicum*	VII bis VIII	hellgelb	halbschattig, kalkhaltig

Kletterpflanzen

Die Bedeutung der Kletterpflanzen im Gartenbau wird immer größer. Das liegt daran, daß der bewachsene Boden immer knapper wird, kleine Gärten immer häufiger werden. Kletterpflanzen nutzen den Raum in der Senkrechten, und das macht sie so wertvoll. Die Anwendungsmöglichkeiten sind vielfältig: Beklettert werden können Haus- und Garagenwände, Bäume und Hecken. Man kann Klettergewächse auch von Mauerkronen herunterhängen lassen, und zudem sind sie zum großen Teil auch als Bodendecker geeignet.

Wichtig ist die Unterscheidung in Selbstklimmer und Kletterpflanzen, die eine Kletterhilfe benötigen. Leider gibt es in der heimischen Pflanzenwelt nur einen **Selbstklimmer**, den Efeu (*Hedera helix*). Deshalb ist in diesem Bereich ausnahmsweise die Verwendung ausheimischer Arten zu verantworten. Empfehlenswert sind dabei für eher schattige Standorte die Kletter-Hortensie (*Hydrangea petiolaris*), für eher sonnige dagegen Arten der Jungfernrebe, die im Volksmund »Wilder Wein« genannt wird: *Parthenocissus tricuspidata* und *Parthenocissus quinquefolia* 'Engelmannii'. Leider werden als Rankgewächse mit Kletterhilfe sogar von Umweltschutzverbänden immer wieder exotische Arten empfohlen, so zum Beispiel der Schling-Knöterich (*Fallopia* syn. *Polygonum aubertii*). Dies geschieht ohne Not, denn auch ohne Kletterhilfe gibt es etliche heimische Arten, die geeignet sind. Die Weiße Waldrebe (*Clematis vitalba*) ist eine gute Alternative zum Schling-Knöterich. Auch sie ist

Kletterpflanzen können ein Haus in einen grünen Mantel einhüllen, der ein günstiges Kleinklima schafft. Nackten Stein und Beton gibt es in unseren Städten schon genug.

stark- und schnellwüchsig und recht anspruchslos. Außerdem schmückt sie sich über mehrere Monate vom Sommer bis zum Herbst mit einer Fülle weißer Blütensterne. Ihnen folgen auffällige, fedrige Fruchtstände, die auch im Winter noch zieren. Die Weiße Waldrebe kann zig Meter hoch wachsen und ist gut geeignet zur Hauswandbegrünung.

Ihre kleine Schwester, die Alpen-Waldrebe (*Clematis alpina*), bringt es nur auf 2 bis 3 m Höhe. Dafür sind ihre glockenartigen blauen Blüten, die im April oder Mai erscheinen, noch auffälliger. Die Alpen-Waldrebe ist das einzige heimische Gehölz mit blauen Blüten. Sie eignet sich zum Überwachsen großer Steine und zum Beklettern von Büschen und tiefästigen Nadelbäumen. Sie liebt durchlässigen Boden und etwas Beschattung. Es gibt auch Gartensorten in verschiedenen Farben.

Kräftige Kletterer sind wiederum die beiden heimischen Geißblattarten, das Garten-Geißblatt (*Lonicera caprifolium*) und das Wald-Geißblatt (*Lonicera periclymenum*). Ihre auffälligen, duftenden Blüten in zwischen Weiß, Gelb und Rot schwankenden Farbtönen bieten Nahrung für Nachtfalter. Das Garten-Geißblatt blüht von Mai bis Juni und bekommt kreßrote Früchte, das Wald-Geißblatt blüht im Hoch- und Spätsommer und zeitigt dunkelrote Beeren. Beide Arten gedeihen auch gut im Unterwuchs. Vom Wald-Geißblatt gibt es die Sorten 'Belgica' und 'Serotina'.

Eine bislang wenig genutzte, aber prächtige Kletterpflanze ist der Bittersüße Nachtschatten (*Solanum dulcamara*). Seine farbenfrohen, violettgelben Blüten sind über Monate zu sehen (V bis IX). Ihnen folgen leuchtendrote Beeren (giftig). Der Bittersüße Nachtschatten wird 2 bis 3 m hoch und liebt schattige, feuchte Lagen.

Bleiben an Klettergehölzen noch zu erwähnen der Echte Wein (*Vitis vinifera*) und die Feldrose (*Rosa arvensis*) mit ihren Sorten (siehe S. 63).

Wir sollten nun noch bedenken, daß es auch etliche heimische **Kletterstauden** gibt, die also im Herbst oberirdisch absterben und im Frühjahr neu austreiben. Im folgenden sind nur solche berücksichtigt, die mindestens mannshoch klimmen: Der Hopfen (*Humulus lupulus*) ist ein starker Wachser mit großen, ausdrucksvoll geformten Blättern. Er windet sich sogar an dicken Telegraphenmasten hoch. Die weiblichen Pflanzen schmücken sich mit den bekannten grünlichen Hopfenzapfen.

Die Breitblättrige Platterbse (*Lathyrus latifolius*) rankt bis zu 3 m hoch.

Links: Die zierliche Alpen-Waldrebe mit ihren blauen Blütenglocken kann langweilige Nadelgehölze beleben.
Rechts: Der Hopfen treibt jedes Jahr neu aus dem Wurzelstock und erklimmt schnell schwindelnde Höhen. Nur die weiblichen Pflanzen tragen die grünlichen Zapfen.

Prächtig anzusehen sind im Sommer ihre großen, rosenroten oder weißen Schmetterlingsblüten. Die Pflanze verträgt Trockenheit und liebt Kalk.

Sollen die nicht selbstklimmenden Klettergewächse an Wänden und Mauern hochgezogen werden, ist freilich eine Kletterhilfe nötig. Entsprechende Klettergerüste sind im Handel erhältlich oder lassen sich mit etwas Geschick herstellen. Abweichend von der sonstigen Regel müssen Klettergewächse (auch Selbstklimmer) an Hauswänden sorgfältig überwacht und dort zurückgeschnitten werden, wo Triebe schädlich oder hinderlich werden können.

Bei manchen Pflanzenarten müssen die Triebe von Zeit zu Zeit in die Richtung festgesteckt werden, in die sie weiterwachsen sollen. Das gilt vor allem für die Kletterrosen. Es empfiehlt sich, die Pflanzen leicht geneigt in Richtung Wand in die Erde zu setzen. Achten Sie darauf, die Pflanzstelle nicht im Regenschatten des Dachüberstandes zu wählen! Das gilt vor allem bei Ostseiten.

Weitere Kletterstauden

Name	Botanischer Name	Blütezeit	Blütenfarbe
Wald-Platterbse ⊕	Lathyrus silvestris	VII bis VIII	purpurrötlich
Schmerwurz ⊕	Tamus communis	V bis VI	grün, rote Beeren
Erbsen-Wicke	Vicia pisiformis	VI bis VIII	gelb
Hecken-Wicke	Vicia dumetorum	VI bis VIII	violett
Wald-Wicke	Vicia silvatica	VI bis VIII	weißviolett

Die Wicken sind bislang in Gärtnereien leider noch kaum erhältlich.

Wege zum naturnahen Garten

Schrittweise Umwandlung eines bestehenden Gartens

Nicht jeder hat die glückliche Möglichkeit, mit der Gestaltung eines Geländes bei Null anfangen zu können. Oft wird es so sein, daß jemand erst im Laufe der Zeit auf den Gedanken des naturnahen Gartens stößt, wenn der eigene Garten längst angelegt ist. Immer häufiger begegnen uns auch Fälle, daß Gartenbesitzer von vornherein eine naturnahe Anlage wollten, aber von »Fachleuten« falsch beraten wurden. Wie in anderen Bereichen schmückt man sich mittlerweile auch im Garten- und Landschaftsbau gern mit den Etiketten »ökologisch« und »naturnah«, ohne daß immer »drin ist, was draufsteht«. Groß ist dann die Enttäuschung, wenn der beauftragte Gärtner doch die übliche Gartencenterware anschleppt.

Machen Sie sich deshalb vorher etwas kundig und prüfen Sie vor allem, ob der beauftragte Betrieb heimische Arten kennt, zur Verfügung hat, zur Planung verwendet und, vor allem, dann auch wirklich pflanzt.

Weiteres Schrifttum zum Wissensaufbau finden Sie im Anhang, dort ebenfalls die Anschriften von Naturgarten e. V. und dem Ausschuß für naturnahen Gartenbau der Wolfgang-Philipp-Gesellschaft, die oft weiterhelfen können und auch Bildungsveranstaltungen anbieten.

Soll nun ein bereits bepflanzter Garten nicht gleich ganz gerodet werden, gibt es trotzdem Wege zur lebensfreundlichen Umwandlung. Wichtig ist, nicht planlos die eine oder andere Pflanze auszutauschen. Die heimischen Gewächse unterscheiden sich in Aussehen, Wir-

Die Herlitze mit ihren eßbaren Früchten steht schon in manchem Garten und kann in die naturnahe Umgestaltung einbezogen werden.

kung und Ansprüchen zu sehr von den Gartenexoten, so daß eine Mischung nicht ratsam ist. Denken Sie vor allem daran, daß für die Pflanzen des naturnahen Gartens ein ganz anderes Pflegekonzept notwendig ist als für den herkömmlichen Garten. Aus diesen Gründen gibt es nur eins: Suchen Sie sich einen gut abgrenzbaren Bereich Ihres Gartens heraus und nehmen Sie dort eine folgerichtige Umgestaltung vor! Dazu müssen Sie erst einmal eine Bestandsaufnahme machen, welche Pflanzen hier bisher wachsen. Gepflanzte heimische Gewächse oder auch zugewanderte Wildpflanzen lassen sich meistens in die Neuanlage einbeziehen. Da steht zum Beispiel eine Herlitze (Kornelkirsche) in einer exotischen Blütenstrauchhecke. Sie wird zum Grundstock einer neuen Wildstrauchhecke. Oder eine stets zurückgeschnittene Rainweide (Liguster) darf nun frei wachsen und ihre duftenden weißen Blüten und

schwarzen Beeren zur Geltung bringen. Alle anderen Pflanzen werden entschlossen entfernt. Vielleicht findet sich ein Bekannter oder Verwandter, der sowieso auf dem Weg in ein Gartencenter war und der ein dankbarer Abnehmer ist.

Eine Ausnahme bei der Rodung sind unter Umständen Bäume, die ein gewisses Alter erreicht haben, und die man einfach nicht fällen will oder gar darf. Trotzdem sind auch in diesem Bereich Einschnitte oft unumgänglich, denn dank der Mode, möglichst viele Nadelgehölze im Hausgarten anzupflanzen, findet sich mancher nach einigen Jahren in einem unfruchtbaren kleinen Fichtenwald wieder.

Der geschaffene Freiraum wird nun mit standortgerechten heimischen Gewächsen bepflanzt und nach den

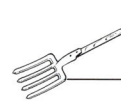
am Anfang dieses Buches gegebenen Pflegehinweisen behandelt, und das heißt im wesentlichen: Eingriffe auf ein Mindestmaß beschränken! In den nächsten Jahren können dann weitere Teile des Gartens folgen.

Besonders günstig ist es selbstverständlich, wenn man schon einen Plan für die künftige Gestaltung des gesamten Gartens hat. Dann kann man sich die Umgestaltungsschritte gut einteilen und unter Umständen von der bisherigen Nutzungsweise eines Gartenteiles ganz abweichen, zum Beispiel Hecke statt Staudenpflanzung oder Erweiterung der Wiese zugunsten des alten Rosenbeetes.

Beschaffung der Pflanzen

Die Beschaffung der heimischen Pflanzen ist zunächst einmal die größte Schwierigkeit. Die häufigsten mitteleuropäischen Wildgehölze wie Schlehe, Waldhasel und Weißdorn wird man zwar noch in den meisten Baumschulen bekommen. Diese Auswahl ist aber zu beschränkt, um damit abwechslungsreiche Gärten zu gestalten. Vor allem die heimischen Kleinsträucher, erst recht aber die allermeisten heimischen Wildstauden sind in der »Gärtnerei nebenan« leider bislang nicht zu bekommen. Man wird sich deshalb einen Großteil der Pflanzen schicken lassen müssen. Hinweise dazu sind im Anhang unter den »Bezugsquellen« zu finden (S. 78).

Vom Ausgraben in der Natur sollten Sie, mit Ausnahme vielleicht von wirklich massenhaft vorkommenden Arten, unbedingt absehen. Der Schaden für die Umwelt wäre weit größer als der Nutzen durch Ansiedlung im Naturgarten. Außer-

dem wird diese häufig mißlingen. Unter Umständen ist es sinnvoll, bei einer Baumschule oder Gärtnerei immer mal wieder nach den gesuchten Pflanzen zu fragen. Das kann die Verantwortlichen vielleicht irgendwann veranlassen, mehr heimische Arten in ihr Angebot aufzunehmen. Das hat die günstige Folgewirkung, daß diese Pflanzen dann auch in anderen Gärten angesiedelt werden. Viele Menschen

Links: Wo gerade noch öde Leere herrschte, bringen Wildpflanzen schnell Leben und die Vorahnung von kommender Blütenpracht.
Rechts: Für ganz mutige Naturgartenfreunde: Die Natur selbst erobert sich den Garten.

len wissenschaftlichen Namen anzugeben, sonst öffnen Sie bei Lieferungen der Willkür Tür und Tor. Aber selbst bei Angabe des richtigen lateinischen Namens, der immer zweiteilig ist, sind Mißlichkeiten nicht ausgeschlossen:

– Man sagt Ihnen vielleicht im Betrieb, die gewünschte Art sei gerade nicht vorrätig, aber man habe eine sehr ähnliche, die eigentlich viel besser geeignet sei.
– Sie erhalten einfach eine andere Art derselben Gattung, zum Beispiel den nicht heimischen Tatarischen Hartriegel (*Cornus alba*) statt des verlangten Roten Hartriegels (*Cornus sanguinea*).
– Sie erhalten Pflanzen, die laut Schildchen genau die von Ihnen gewünschten sind, sich aber hinterher als etwas anderes herausstellen.

Der letzte Fall kommt öfter vor, als man denkt. Als Laie kann man ihm am schwierigsten begegnen. Trotzdem ist es ratsam, ein gutes Buch zur Nachbestimmung zur Hand zu haben. Verbitten Sie sich bei schriftlichen Bestellungen ausdrücklich die ungefragte Lieferung sogenannten »Ersatzes«!

Freilich sollten Sie auch auf die Güte der Pflanzen achten. Allerdings kann es sein, daß seltene Arten nur in einer Größe, in der Regel noch jung, zu haben sind. In diesem Fall muß man froh sein, überhaupt etwas ergattert zu haben. Wachsen tun die Pflanzen schließlich von selbst.

würden nämlich heimische Gewächse in den Gartengeschäften kaufen, wenn solche nur angeboten würden.

Bei manchen Versandbetrieben ist es schwierig, kleine Mengen zu bestellen. In solchen Fällen sollten Sie überlegen, ob Sie nicht mit Bekannten eine Bestellgemeinschaft bilden können.

Beim Bestellen der Pflanzen müssen Sie sich daran gewöhnen, den vol-

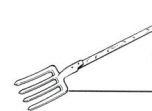

Der Pflanzvorgang

Bodenvorbereitungen sind bei der Wahl standortgerechter heimischer Pflanzen nur in geringem Umfange zu treffen. Steine zum Beispiel sind im Boden zu belassen. Sinnvoll ist eine Lockerung des Bodens zwecks leichterer Pflanzung und vor allem die tiefgängige Entfernung von unerwünschten Beikräutern und anderen, vorher dort stehenden Pflanzen samt ihren Wurzeln. Treffen Pflanzen mit Post oder Frachtbetrieb ein, müssen sie so bald wie möglich ausgepackt und, wenn trocken, gewässert werden. Können die Gewächse nicht gleich gepflanzt werden, gelten folgende Maßregeln: Nacktwurzelige Pflanzen werden eingeschlagen, das heißt schräg eingegraben, so daß die Wurzeln mit Erde bedeckt sind. Ballenpflanzen kann man einige Tage im Schatten stehen lassen, wobei man den Erdballen feuchthält. Pflanzen im Topf (Container), also vor allem Stauden und kleine Sträucher, werden an einen geschützten Ort ins Freie gestellt und bei Austrocknung gegossen.

Nachdem der Wurzelballen in einer geeigneten Grube versenkt wurde, öffnet man das Tuch. Schließlich wird festgetreten und angegossen.

Werden Stauden ohne Topf geliefert, lagert man sie am besten in alten Blumenkästen oder ähnlichen Behältnissen zwischen. Achten Sie darauf, daß etwa vorhandene Namensschildchen nicht herausfallen oder vertauscht werden, damit Sie die Pflanzen noch auseinanderhalten können!
Kommt überraschend Frost, werden Ballenpflanzen eingegraben, Topf-

Bei ballenlosen Sträuchern schneidet man die Wurzeln vor der Pflanzung zurück. Ein dichter Bodenschluß ist besonders wichtig.

pflanzen entweder ebenso (mit Topf), oder sie werden mit Stroh oder Reisig abgedeckt oder in einen unbeheizten Raum gestellt. Am einfachsten zu pflanzen sind die Gewächse aus Töpfen. Ballenpflanzen werden, wie sie sind, ins Pflanzloch gestellt, das Ballentuch wird aufgeschnitten, die Enden umgelegt, das Tuch aber im Loch belassen. Dann wird mit Erde aufgefüllt. Die Pflanzen sollten ungefähr so tief sitzen wie in der Baumschule, was man am Stamm erkennen kann. Immer ist darauf zu achten, daß das Pflanzloch zunächst tiefer und breiter als der Wurzelballen ausgehoben wird. Der lockere, aufgefüllte Boden ist dienlich beim Anwachsen. Bei nacktwurzeligen Sträuchern werden unmittelbar vor dem Pflanzen die Wurzeln etwas gestutzt, aber nie um mehr als ein Drittel. Zurückgeschnitten werden auf jeden Fall abgeknickte und gequetschte Wurzeln. Nur die nacktwurzeligen Sträucher bekommen nach der Pflanzung einen Pflanzschnitt, bei dem ungefähr um die Hälfte zurückgeschnitten wird. Man schneidet nicht in einer Höhe ab, sondern versetzt. Nach der Pflanzung werden die Pflanzen kräf-

tig gewässert (auf die Erde, nicht die Pflanze). Dies dient nicht nur der Wasserversorgung, sondern noch mehr dem dichten Bodenschluß um die Wurzeln. Es muß deshalb so lange gewässert werden, bis der Boden erkennbar absackt.

In den ein bis zwei Jahren nach der Pflanzung bedürfen die Gewächse erst einmal größerer Aufmerksamkeit. Das bedeutet bei Gehölzen Auftragen einer bis 10 cm dicken Rindenmulchschicht, wobei darauf zu achten ist, daß die Pflanzen selbst nicht eingeschüttet werden (Schicht in Stammnähe dünner, siehe S. 24).

Oben: Bunte Wildstaudenpracht ist der Lohn für die Pflanzarbeit.
Unten: Eine gut eingewachsene Pflanzung verlangt keinen hohen Pflegeaufwand mehr.

Bezugsquellen

Seltene heimische Gehölze

© Ahornblatt, Postfach 11 25,
55001 Mainz,
Tel. 0 61 31/57 47 99

Ⓝ Naturwuchs, Bardenhorst 15,
33739 Bielefeld,
Tel. 05 21/87 04 36
Naturwuchs, Finkenstr. 29,
82166 Gräfelfing,
Tel. 0 89/8 54 53 55

Ⓐ Baumschule Appel,
Brandschneise 1, 64295 Darmstadt,
Tel. 0 61 55/83 66-0
(kein Versand in kleinen Mengen)

Ⓢ Rosenschule Schultheis,
Bad Nauheimer Str. 3-7,
61231 Bad Nauheim-Steinfurth,
Tel. 0 60 32/8 10 13
(führt auch Zuchtrosen und Exoten;
ausdrücklich wurzelrechte Ware
verlangen!)

Stauden

Ⓕ Gärtnerei Frei, Breite Str. 5,
CH-8465 Wildensbuch,
Tel. 00 41/52/43 12 30

© Gartencenter Feustel,
Königsallee 45,
95448 Bayreuth, Tel. 09 21/9 30 60

Ⓑ Blauetikett-Bornträger,
67591 Offstein,
Tel. 0 62 43/70 79

Ⓟ Staudengärtnerei Peine,
Aubinger Str. 17,
81243 München, Tel. 0 89/87 80 88

© Staudengärtnerei Plogstedt,
Am Anger 6,
85356 Freising-Attaching,
Tel. 0 81 61/8 17 95

Ⓗ Hof Berggarten, Lindenweg 17,
79737 Großherrischwand,
Tel. 0 77 64/2 39

Ⓦ Botanische Raritäten Wetzel,
Oberkohlfurth, 42349 Wuppertal,
Tel. 02 02/47 04 43

Ⓝ Naturwuchs, Bardenhorst 15,
33739 Bielefeld, Tel. 05 21/87 04 36
oder
Naturwuchs, Finkenstr. 29,
82166 Gräfelfing,
Tel. 0 89/8 54 53 33

Samen

Conrad Appel GmbH,
Bismarckstr. 59,
64293 Darmstadt,
Tel. 0 61 51/92 92-0

Blauetikett-Bornträger,
67591 Offstein,
Tel. 0 62 43/70 79

Hof Berggarten, Lindenweg 17,
79737 Großherrischwand,
Tel. 0 77 64/2 39

Informationen

Naturgarten e. V., Görresstr. 33,
80798 München,
Tel. 0 89/5 23 47 70

Wolfgang-Philipp-Gesellschaft,
Ausschuß für naturnahen Gartenbau,
Postfach 43 66, 55033 Mainz,
Tel. 0 61 31/7 33 00 oder 5 48 63

Literatur

Wolfgang-Philipp-Gesellschaft, Ausschuß für naturnahen Gartenbau:
»Die Bewahrung der heimischen Straucharten«
(Auflistung sämtlicher Arten mit Gartenformen,
einschließlich Rosen)
BdB-Handbücher, Bände VII a und b »Wildstauden«,
Band VIII »Wildgehölze«; Fördergesellschaft »Grün ist Leben«, Pinneberg.
Fitter/Fitter/Blamey: Pareys Blumenbuch;
Verlag Paul Parey, Hamburg und Berlin.
Grey-Wilson/Blamey: Pareys Bergblumenbuch; Verlag Paul Parey, Hamburg und Berlin.
Steinbach: Strauchgehölze; Mosaik-Verlag, München.
Winkler/Salzmann: Das Naturgarten-Handbuch für Praktiker;
AT-Verlag, Aarau und Stuttgart.
Witt: Wildsträucher in Natur und Garten; Verlag Franckh-Kosmos, Stuttgart.
Witt: Naturoase Wildgarten; BLV, München.
Witt: Wildpflanzen für jeden Garten; BLV, München.
(Für eine Gesamtübersicht der heimischen Arten unerläßlich sind die BdB-Handbücher und die Liste der Wolfgang-Philipp-Gesellschaft.)

Register